高等学校实践教学系列丛书▶

广告创意案例实践教程

快克篇

穆 虹　王志昊　赵世勇　编著

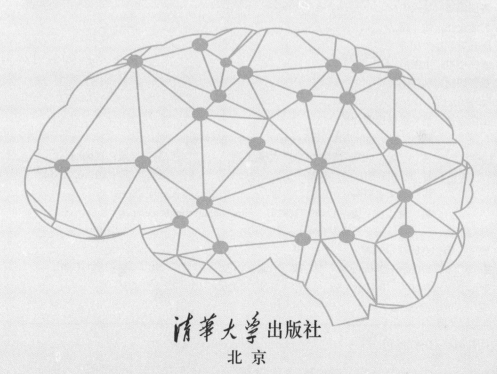

清华大学出版社
北京

内 容 简 介

当创意都是套路时，就缺乏了灵性，也缺乏了鲜活的内容。大学生通过参与学院奖的创意比赛，以"快克"为实战命题，找到了创意的方法和路径。本书以快克感冒药为例，诠释了在"95后""00后"消费时代，品牌如何与年轻人沟通，大学生如何创意出好的作品。同时，透过这些鲜活的创意，洞察未来新生代力量的品牌触点。

本书是一本反映"95后""00后"年轻人群的创意启示录，不仅可以作为高等院校广告专业的实战案例教程，而且可以作为有志于品牌年轻化的广告从业人员的案头必备书。

本书封面贴有清华大学出版社防伪标签，无标签者不得销售。

版权所有，侵权必究。举报：010-62782989，beiqinquan@tup.tsinghua.edu.cn。

图书在版编目(CIP)数据

广告创意案例实践教程.快克篇/穆虹，王志昊，赵世勇编著.—北京：清华大学出版社，2020.10

（高等学校实践教学系列丛书）

ISBN 978-7-302-56453-9

Ⅰ.①广… Ⅱ.①穆… ②王… ③赵… Ⅲ.①药品—商业广告—案例—高等学校—教材 Ⅳ.① F713.841

中国版本图书馆 CIP 数据核字 (2020) 第 178388 号

责任编辑：徐永杰
封面设计：徐　超
版式设计：方加青
责任校对：王荣静
责任印制：丛怀宇

出版发行：清华大学出版社
　　　　　网　　址：http://www.tup.com.cn，http://www.wqbook.com
　　　　　地　　址：北京清华大学学研大厦 A 座　　邮　　编：100084
　　　　　社　总　机：010-62770175　　　　　　　　邮　　购：010-62786544
　　　　　投稿与读者服务：010-62776969，c-service@tup.tsinghua.edu.cn
　　　　　质　量　反　馈：010-62772015，zhiliang@tup.tsinghua.edu.cn
印 装 者：三河市铭诚印务有限公司
经　　销：全国新华书店
开　　本：170mm×240mm　　　印　　张：15.5　　　字　　数：227 千字
版　　次：2020 年 10 月第 1 版　　印　　次：2020 年 10 月第 1 次印刷
定　　价：78.00 元

产品编号：088746-01

广告创意案例实践教程丛书
编 委 会

主任单位：广告人文化集团（天津）有限公司
　　　　　海南快克药业有限公司
　　　　　中国大学生广告艺术节
　　　　　中国大学生广告艺术节学院奖组委会
　　　　　天津创意星球网络科技股份有限公司
丛书顾问：何天立　张默闻
丛书编审：陈晓庆

学界编委会成员

评审主席：金定海　莫康孙

部分高校委员（按姓氏拼音排序）：

曹　琳	江汉大学设计学院
曹　雪	广州美术学院艺术设计学院
巢乃鹏	南京大学金陵学院传媒学院
陈　刚	北京大学新闻与传播学院
陈辉兴	华侨大学新闻与传播学院
陈　龙	苏州大学传媒学院
陈志莹	天津理工大学艺术学院
崔保国	清华大学新闻与传播学院
丁俊杰	国家广告研究院
段淳林	华南理工大学新闻与传播学院

高红阳　东北师范大学传媒科学学院
宫丽颖　中央财经大学文化与传媒学院
顾　铮　复旦大学新闻学院
桂元龙　广东轻工职业技术学院艺术设计学院
国秋华　安徽大学新闻传播学院
郭肖华　厦门理工学院影视与传播学院
韩志强　山西大学新闻学院
何红艳　合肥工业大学建筑与艺术学院
何　洁　清华大学美术学院
胡百精　中国人民大学新闻学院
胡川妮　广州美术学院
胡国华　南昌理工学院传媒学院
侯迎忠　广东外语外贸大学新闻与传播学院
罗文坤　吉林动画学院文化产业商学院
雒三桂　重庆大学艺术学院
黄合水　厦门大学新闻传播学院
黄慕雄　华南师范大学教育信息技术学院
黄秀莲　福建师范大学协和学院
黄也平　吉林大学文学院
金定海　上海师范大学影视传媒学院
金　星　云南民族大学文学与传媒学院
靳义增　南阳师范学院新闻与传播学院
李大伟　南京艺术学院高职学院
李　乐　宁波大学人文与传媒学院
李　鹏　西安外国语大学新闻与传播学院
李少博　内蒙古师范大学国际现代设计艺术学院
李　伟　湖南女子学院美术与设计学院

编委会

刘　洪　广西大学新闻传播学院

刘境奇　广东城建学院艺术设计学院

刘林沙　西南交通大学人文学院

刘秀伟　北京印刷学院设计艺术学院

刘　扬　黄淮学院大学生创业园动画制作中心

罗　铭　安徽师范大学新闻与传播学院

马　泉　清华大学美术学院

聂鑫鑫　四川大学锦城学院文学与传媒学院

潘　强　首都师范大学美术学院

彭　云　武汉工程大学艺术设计学院

饶　鉴　武汉传媒学院设计学院

任丽凤　北京城市学院艺术学部副院长、教授

任丽华　辽宁科技学院人文艺术学院教学副院长

单　炯　湖南应用技术学院设计艺术学院

单晓红　云南大学新闻学院

沈　虹　中央民族大学新闻与传播学院

史伟争　哈尔滨师范大学传媒学院

宋荣欣　郑州工业应用技术学院艺术学院

宋维山　河北师范大学新闻传播学院

宋　哲　浙江传媒学院文化创意与管理学院

苏　杰　湖南文理学院学科竞赛办

孙传宝　成都银杏酒店管理学院

孙　青　大连工业大学艺术设计学院

孙瑞祥　天津师范大学新闻传播学院

孙文清　浙江农林大学文法学院

孙云宽　青岛农业大学动漫与传媒学院

汤晓山　广西艺术学院设计学院

汪维丁　重庆工商大学艺术学院

王建勇　贵州民族大学美术学院

王灵毅　湖北美术学院设计系

王　谦　西安欧亚学院文化传媒学院

王若鸿　西安工业大学艺术与传媒学院

王韶春　沈阳工业大学文法学院

王晓乐　中央财经大学文化与传媒学院

王　艺　广州大学新闻与传播学院

王　勇　湖南城市学院艺术学院

卫军英　浙江大学城市学院传媒与人文学院

卫　欣　南京林业大学人文社会科学学院

魏宝涛　辽宁大学新闻与传播学院

邬盛根　上海大学新闻传播学院

吴　灿　湖南工商大学设计艺术学院

肖　虎　中国传媒大学广告学院

肖建春　四川传媒学院传播与经管学院

徐　豪　安徽财经大学传媒艺术学院

许伟杰　浙江工业大学生活形态与创新研究中心

许正林　上海大学影视学院

薛　明　天津美术学院设计艺术学院

阎　峰　上海交通大学媒体与设计学院

颜景毅　郑州大学新闻传播学院

杨定强　重庆大学艺术学院

杨　枫　贵州财经大学文化传播学院

杨　杰　南京林业大学艺术设计学院

杨立川　西北大学新闻传播学院

杨同庆　首都经贸大学文化与传播学院

杨先顺　暨南大学新闻与传播学院
姚　曦　武汉大学新闻与传播学院
由磊明　山东建筑大学艺术学院
于永俊　兰州大学新闻与传播学院
曾　光　南昌大学新闻与传播学院
张　兵　天津师范大学美术与设计学院
张金海　武汉大学媒体发展研究中心
张　梦　海南师范大学美术学院
张　翔　国家广告研究院
张治中　西南政法大学新闻传播学院
章　燕　浙江大学传媒与国际文化学院
赵世勇　天津商务职业学院
赵晓红　吉林大学应用技术学院
钟以谦　中国传媒大学广告学院
周华清　福建工程学院人文学院

序一

让创意的梦想插上翅膀

  我年轻时喜欢读金庸的小说，向往那海阔天空的雄奇壮丽，沉迷于风花雪月的妩媚柔情，更渴望着得到一部绝世武功，习之以武，笑傲江湖！

  也许正因为我天生的乐观精神和浪漫情怀，所以我成为了一名大学教师，那小小的一方讲台，一站就是30多年。看着自己青丝变白发，所幸也算是桃李满天下，人生如此，也该心满意足了。

  可我偏偏是个闲不住的人，总恨不得把最好的东西给到学生们。

  从教之初，我夜以继日地拼命读书，不断磨砺自己的专业水平。可是我发现，一人计短，我教的学生终究有限，我希望让更多的学生学有所得、学有所成。

  再后来，中国广告教育的更新速度开始落后于一线市场的瞬息万变，而且这种僵化滞后的情况越来越严重，看到中国大学生广告艺术节学院奖（以下简称学院奖）每年的参赛作品中关于媒介策略的呈现，真的是远远落后于真正的媒介市场，同学们需要走向真正的社会实践。

  偶然的机会，我们独家承办了学院奖。从参与者到操盘者，我的角色变了，可是我的初心从未改变：我要把学院奖打造成实战教学的第一阵地，让高校教育与一线市场紧密结合；我要让广大的学子得到平等的广告教育和创意比拼的机会；我要让学院奖成为一代代高校学子心中的"华山论剑"，激起他们永不服输的年轻气魄。

  经过20年的努力，学院奖终于实现了它的初心。但是作为一名教师，我却

序一

对一件事耿耿于怀,那就是高校广告专业缺乏真正意义上的、适用于实战教学的教材。由此,这本以快克为例来洞察创意思维的教材就诞生了,未来或许有更多的品牌会参与进来,至少我们迈出了第一步。

为什么要出版这本教材?

社会上有一些说法,当代年轻人的自我、个性、自私等特性都是社会人群归纳总结的,新一代年轻人到底如何认知品牌、认知创意?这一群体的特点到底如何?别人说了不算,年轻人自己说了才算,也是这些大学生们自己创意的作品背后透视的品牌观说了算。书中的创意作品均来自"95后""00后"的大学生,针对快克品牌的洞察,年轻人创意出年轻人喜欢的作品,从而反映出新时代背景下企业的品牌年轻化脉络,同时也透视了中国高校教育的实践教学水平,用年轻人的创意来印证年轻人喜欢的品牌观。

对于参赛学生来说,本书是指导参赛的"九阴真经",从"招式"的原理,到"招式"的变化,再到"招式"的运用,书中都解析得清清楚楚、明明白白。

作为一名教师,这本书就是我心目中实战教学的必读经典。首先,全书结构严谨、条理清晰,完全符合作为教材的标准;其次,书中提到的方法论简明易懂,即使对于广告行业的新进入者而言,也没有任何阅读障碍;最后,书中所列举的每一个案例,都是学院奖实实在在的获奖案例,不仅真实,而且有极高的参考价值。

年轻人，尤其是大学生人群，是每个国家、每个民族最宝贵的一个群体。他们既是一个国家得以运转的新鲜血液，更是一个民族赖以发展的希望。快克以公益发心，服务教育，造福国家，无愧一句：为国为民，侠之大者。

这是一本创意实践书，这是一本高校实践教学辅导书，这更是一本企业品牌年轻化的实战案例书。

穆 虹

中国广告协会副会长

广告人文化集团总裁

序二

创意，是鲜活的

快克和学院奖合作10年了，总计收获了创意作品十几万份，2010年参加快克命题的学生早已经毕业、就业，或许已经为人父母，那时候还称呼他们为"90后"小鲜肉。2020年提交作品的大学生已经是"00后"了，一边感叹时光跑得快，一边感叹"后浪"来得猛。

快克参加学院奖还要感谢一个"媒人"，那就是当了学院奖10年评委的张默闻老师，是他把我们引荐给了这样一个和快克有交流、有互动的创意平台，一个和高校实践教育接轨的平台。

快克最早的命题是"抗病毒、治感冒、用快克"，同学们的创意多以药品功能性广告"快"为诉求点。当时我们邀请了姜文作为电视广告代言人，拍摄了快克的广告片。那个时代，品牌广告还是基于媒体传播"单项输出"的功能，让消费者形成品牌认知印象，记得那时大部分的参赛作品是以豹子、开关、电脑按键、列车速度、高铁速度等元素来表达快克感冒药的创意诉求的。

快克是最早关注"90后"人群的品牌之一，后来是"95后""00后"，走过这个时代，发现年轻人的创意是鲜活的，每年都有最热、最新的元素，不仅能反映这个时代的特征，也能反映这一代年轻人的想法和思维方式，甚至当年的热点，如微信、抖音、年轻人喜欢的电影IP等都会在创意中表现出来。

每一年，快克都会组织公司高管，认真遴选每一件作品，也把每一件作品都看作快克的孩子,这些新鲜的创意作品,也透视出一代又一代年轻人的创意思维和高校真实的教育水平。无论水平高低,都是鲜活的,都是值得这个时代记住的。

"在洒满阳光的小路上,有一家三口在跑步,充满了快乐和温馨,充满了健康和和谐",这是我想到的一个画面,快克超人和小超熊也借助学院奖收到了很多场景的创意,表达出快克不一样的品牌情感,记得有两个画面是母亲节和父亲节的海报,看到父亲的背影,牵着孩子的手,感觉参赛者在构思时,脑海中一定会有快克超人和小超熊的画面。"感冒快克,快快乐乐""感冒小快克,宝贝大快乐"是快克目前在用的两句广告语,希望能从最早的功能性诉求过渡到如今偏重情感诉求的表达,实现与消费者的情感沟通和互动,学院奖的参赛作品见证了品牌升级的历史,并且积极地参与其中。

书中有很多的创意方法来源于对大学生实际参赛作品的分析,是想让这些鲜活的创意能够给未来的参赛者提供更广阔的创意思维,也洞察到创意的最终目的是为了实现品牌的目标;是想让这些鲜活的创意,在高校实践教育中发挥更重要的作用,创意来源于年轻人,再反哺给年轻人,共同提升我们的创意水平。

我相信!

未来,品牌的力量就是"后浪"的力量!

希望本书能带给高校师生真正意义上的创意启示。

最后,用一个"00后"参赛学生的文案故事,来表达"95后""00后"思维的天马行空。

序二

在遥远的未知星系中有一个快克星球，那里流传着这样一个古老的传说：

天地开辟时，万物出现、秩序当立，而此时生于混沌之间的恶魔"流感"试图侵入快克星球，荼毒生灵、为祸一方，以此来扩大自己的"流感之力"。因此，快克星球上的生灵与"流感军团"展开了旷日持久的战争，但苦于缺乏御敌之才，加之原始生灵各自为战，随着时间的推移，原始生灵的势力被逐渐蚕食。

在这危急时刻，天地有灵，降生超人"快克"，统四方之灵、寻破敌之术、制万全之策，遂久御"流感"于家园之外，星球生灵得以世代平安。

后来，人们为求平安，遂于家中供奉"快克超人"，每逢"流感"异动，生灵便会向"快克"祈祷，以防"流感"侵扰。

很有意思吧，是为序！

王志昊
海南快克药业有限公司总经理
中国大学生广告艺术节学院奖评委

序三

广告创意的教学应是立在时代前沿的指路明灯

当前中国的"95后""00后"群体大概有3亿人,他们是新经济时代的消费主力,正在逐渐形成自己独特的消费价值观,他们将主导中国未来10年的消费格局。这一年轻的消费群体成长于互联网时代,是社交媒体最重要的用户,受数字经济和社交媒体的影响,其消费特点与前几代人大相径庭,由此已经引发了一场营销行业的广告革命,鞭策着品牌不断地去适应年轻人的消费升级。

高校作为当代年轻人的聚集地之一,成为新时代品牌创意文化的出发点。大学生是年轻的、是活跃的、是朝气蓬勃的,高校实践教育伴随着广告市场的革新,也在作出相应的改变来适应当代年轻人独特的创意思维。年轻人的消费观将引导广告产业为适应"95后""00后"作出全新的选择。

本书首先从年轻人的审美角度出发,深度洞察和剖析了与广告创意相关的产品营销面临的具体问题和产生原因,探索现代年轻人的消费心理和消费习惯,阐明广告创意学习和研究的最终目的。以知识理论配合经典案例,全方位地回答了广告创意中的"如何做"和"怎么做",真正做到了理论联系实际,知行合一。

高校学生面临着毕业后即将运用专业知识走向工作岗位的问题,本书则赋予学生广告创意领域最具专业性、丰富性、时效性的学习感受。对广告创意的专业技术与理论进行简单、有趣的描述,能够在引起学生学习兴趣的同时高效地传达并夯实专业理论知识;对经典案例的介绍和深入剖析能丰富学生的知识储备，理论结合实际、文字结合图片的教学带入方法，更加生动、有效；对最新广告创意产品的介绍，能够让学生接触到最前沿的设计理念和设计方法，而这些经验的积累和融会贯通，也必将给予学生在工作中百倍的自信。

消费者年轻化了，创意也需要年轻化，营销也需要年轻化。希望广告从业人员以后都能成为年轻的"95后""00后"，以年轻的心态开拓年轻人的市场，要勇于改变、敢于实践，为品牌年轻化寻找新方向。广告创意是时代的产物，广告创意的教学应该是立在时代前沿的指路明灯，在指引中不断学习、积累、创造，为高校广告创意实践教学指明方向，为高校学生的专业学习和实际操作铺平道路，为我国广告创意事业的发展作出贡献！

赵世勇

中国大学生广告艺术节学院奖组委会秘书长

中国大学生广告艺术节学院奖评委

目 录

第一章   1
洞察决定创意

第一节   营销洞察   2
第二节   品牌洞察   7
第三节   传播洞察   14

第二章   16
重新定义年轻人的品牌创意观

第一节   年轻人眼里的品牌观   17
第二节   "95后""00后"消费人群创意洞察   22

第三章   25
平面视觉创意方法及案例解析

第一节   平面创意概述   26
第二节   平面视觉创意方法   27
第三节   平面视觉案例解析   30

第四章
影视广告创意方法及案例解析
78

第一节　影视广告概述　79
第二节　影视广告案例解析　80

第五章
微电影创意方法及案例解析
95

第一节　微电影概述　96
第二节　微电影案例解析　97

第六章
策划案创意方法及案例解析
114

第一节　策划案概述　115
第二节　策划案的类型及案例解析　122

第七章
文案创意方法及案例解析
157

第一节　好文案的特征　158
第二节　文案的类型及案例解析　159

第八章　182
设计类作品创意方法及案例解析

第一节　设计类作品的重要原则　　183
第二节　设计类作品创意的方法和技巧　　184
第三节　衍生品设计案例解析　　190

第九章　204
大咖谈创意

学院奖评审主席金定海：创意任性不任意　　205
学院奖评审主席莫康孙：创意十二 YI 独特心经　　210
学院奖 10 年评委张默闻：创意是剂药，关键看疗效　　221
学院奖 10 年评委陶磊：答疑设计技巧　　225

后记　229

第一章
洞察决定创意

导 语

　　创意需要一双眼睛，洞察消费者的心、洞察营销环境、洞察市场趋势。企业在品牌塑造的过程中，希望抓住"95后""00后"的心，然而，新一代年轻人的品牌喜好、消费方式和消费场景早已发生了翻天覆地的变化。如何布局年轻人市场是每个企业的品牌战略部门应该思考的问题，接下来我们先从洞察开始，进入年轻人的世界。

第一节　营销洞察

随着"95后""00后"逐渐成长为社会的中坚力量，其消费方式与消费理念、品牌意识与价值观都与"70后""80后"等不同。如何与年轻人沟通，成为每个品牌面临的头等大事，同时也是社会急需解决的难题。

当前，很多品牌都在强调年轻化，好像只要年轻化，就可以解决所有的问题。他们关注年轻人的一切，观察他们喜欢什么、谈论什么，研究他们的性格取向、语言习惯、生活习惯。因此，年轻人的身上，总会被贴上很多标签。而企业自身，也会给自己贴上与年轻人相似的标签，这就是它们口中的"年轻化"，并试图以此来获得年轻人的认同。但这种"年轻化"是品牌和年轻人真正想要的吗？

在经济利益的驱使下，品牌难免会"犯错"，用自以为是的"年轻化"定义真正的品牌"年轻化"，从而导致品牌的传播内容和风格出现违背主流价值观、与品牌调性不符，甚至出现过度娱乐化的现象。品牌"年轻化"真正要做的是能够为品牌灌注新的活力，延长品牌的"青春期"，让品牌可以一直活跃在年轻人的视野中，不被市场所遗忘。

一、年轻人的消费方式和消费喜好

研究数据表示，"70后""80后"的消费能力正逐渐下滑，而"95后""00后"正日渐成为消费的主力军。这些年轻人更愿意为自己的兴趣付费，他们习惯了独立、自由，他们通常有自己的主见和看法。目标消费群体的变化迫使传统企业要不断地进行品牌的转型升级。调查显示，国内的大部分企业在品牌建设上的投入少之又少，能力还非常欠缺。传统品牌更需要获得年轻人的认同，年轻化迫在眉睫，一时间，很多传统品牌都在争相模仿品牌年轻化的标准"套路"。百雀羚的长图文、999的走肾广告、《老九门》的小剧场、老干妈的跨界联名、泰式神反转广告、无厘头"沙雕"广告,已被各个品牌争相模仿。有经验的用户一眼就能看出这些广告的内在"套路",并且越来越多的消费者开始对此类广告产生"免疫",甚至是反感。

消费主体的变化,迫使企业迎合"年轻人"的喜好。"一千个消费者可能会有一千种需求或喜好",由此可见,年轻人要的不是一味地"迎合"他们的品牌,而是能够懂他们、与他们产生"共鸣"的伙伴。

伴随着消费结构的升级,消费场景也随之发生变化。打造一个适宜的消费场景是传统品牌都在做的。新零售经济下的"人""货""场"相互依赖、相互影响,缺一不可,以"人"为中心更是一直以来品牌应该坚守的信条。在各种深度的购物场景下,如何与消费者建立联系产生黏性就变得非常重要。曾经是因为需要才购买,现在已经演变为被"诱惑"就会消费,需求正在被制造,消费正在被引导。

互联网的发展、生活节奏的加快、消费者时间的碎片化,使得消费者的注意力和决策时间也变得越来越短。传统品牌要想在短时间内抓住消费者的眼球,让消费者快速地进行购买决策,成为中国企业品牌所面临的一大难题。

零售方式的转变,给中国企业带来了又一大挑战。新零售时代,更多的年轻人开始专注于线上消费,传统企业如何在网络碎片化时代,让消费者更多地购买自己的产品,又是一大难题。实体市场对消费者的制约越来越弱,即使偏远的山区,也开始慢慢地开放线上购物。这要求企业在满足年轻人喜好的同时,要通盘考虑线上线下两个市场,最终实现全球化购买。因此,品牌还必须有全球化眼光,要求企业更加明确自己的品牌定位、品牌战略,以及优化推广方案。

二、年轻人的消费理念难题

年轻人消费理念的转变,让企业更加"摸不透"。年轻人的消费观念比较超前,他们追求品质,但不会乱花钱,他们的消费有自身的逻辑。"有钱,任性"是年轻人给自己贴的标签,也是不少企业脱口而出的所谓年轻人的消费观。他们会买一些"不明觉厉"或者超出自己消费能力的产品,如价值几百元的圆珠笔或同款不同色的球鞋。看似任性的背后，其实也隐藏着他们自己的购买逻辑。

他们不是在乱买东西，而是在追求产品的品质和内心的愉悦。他们通过消费建立起属于自己的一套生活方式，乐在其中。企业需要关注和研究的，也正是这群年轻人，研究如何才能让他们主动分享，研究如何才让他们产生购买冲动。目前企业能做的，就是引导年轻人，帮助他们定义新一届年轻人的消费观。

三、年轻人的注意力难题

在信息碎片化的今天，用户的注意力越来越分散，年轻人更是如此。信息过载的时代，无形中给了年轻人很大的压力，他们开始抵触，甚至开始反感，这对于企业来说是很大的挑战。企业不得不改变营销方式，以另一种方式进入年轻人的视野，年轻人手中的那块"屏幕"成为越来越多品牌争夺的对象。

要想走进年轻人的心，还是要以内容取胜。内容营销要求企业产出的内容必须自带吸引力，为消费者提供有价值的信息，并且让消费者通过主动搜索和社交媒体获得相关的信息，而不是单纯地运用媒介曝光。做好原生内容，已经成为企业争取年轻人的立足之本。内容和用户的关系，就像一个金字塔。最底层的内容一定是对用户最有用的、最有价值的，同时也是最基础的。庆幸的是，很多企业已经意识到了这一点，开始投入更多的时间和精力创造更有趣的内容，而这些内容都是可以让用户主动接受和分享的。

在以互动为主的社会网络中，企业品牌要学会创造内容。人格化的品牌能与年轻人进行更有效的沟通，"三只松鼠"就是一个典型的成功案例。讲"故事"简单，讲"好故事"并不容易，因为好的故事往往能引发消费者一连串的情感投入，甚至会主动补充、构建故事的内容。复杂的内容往往会让人望而却步，如何将复杂的内容以简单熟知的方法传递给年轻人，成为企业必须要做的事情，但这往往也是最难的那一部分。

品牌社群的搭建，为企业和年轻人提供了内容交流平台。美国互联网营销专家查克·布莱默（Chuck Bryce）在《点亮社群》中指出，互联网营销的本质就是用最小的投入准确链接目标客户，用完美的创意实现强大的口碑，以影响目标客户的消费行为。让用户带来用户，是一种有效的、可持续的营销方式。在消费升级的背景下，企业存在的意义，就是为消费者谋福利，当年轻的消费者不再满足于物质层面的需求时，就要更关注品牌的价值主张，以及能否为年轻人说话。此时的产品，就成为表达自我、彰显个性的载体。当年轻人认为品牌所宣扬的精神、带来的感受与自己的价值观或者爱好相符时就容易产生共鸣，渴望进入其所在的环境和社群，进而认可品牌的主张。尽管互联网会让人们产生"天涯若比邻"的距离感，但当下的年轻人其实更向往的是"海内存知己"的共鸣。企业在帮助年轻人搭建社群的同时，也是在为自己搭建社群。这样既能降低沟通成本，又能做到有效沟通。

企业与年轻人的沟通大多是通过内容来实现的。品牌产生初期，企业会依据用户的需求进行定位。善变的用户总是会比企业快一步发生变化，这时候企业必须要做好"选择题"，是继续追随原来的用户还是跟随新用户？老一代用户已经不再需要你的产品，新一代用户认为产品是给老一代用户准备的，这就会令企业处于一个尴尬的两难境地。

问题来了，企业品牌要想年轻化，能不能兼顾两类消费者？这也正是大多数企业所面临的营销困境，并且已上升到了社会层面，变成了社会难题。因此，启动品牌年轻化工程已经刻不容缓。

四、品牌面临的营销新环境难题

卖方市场刚性需求主导的"黄金时代"已经过去，买方市场的弹性需求逐渐开始走上舞台，商业体系自然开始发生相应的变革。交易不再是终点而是起点，紧随其后的是将产品服务化、资产化，持续运营与消费者的关系。"产品经济"大潮退去，"资产经济"的潜流即将浮出水面。与此同时，当下的营销者所面对的，已经是在信息和物质丰裕时代成长起来的新一代消费者，他们生于重叠铺展、无限衍生的网络世界，随时变迁、时刻跳转。他们对物质的满足感趋于平淡，对多样化、人性化的服务和体验更为重视和渴求。

极度碎片、分割的时空和需求，与产品消费增长渐趋平稳的总体市场，共同构成了营销者所面临的新环境。"95后"的新青年更具社会责任感，愿意为自己感兴趣的东西付费，与此同时，对于平淡无趣的东西则越来越无感。环境急剧变化，高速增长市场中潜伏的危机无所遁形，诸如流量造假、销售转化低下和营销资源浪费等乱象则在近年来集中凸显。

"营销是供需双方消除信息不对称以达到交易的平衡状态"，在此前相对单一、静态的媒介和渠道环境下，传播和销售各自专业化、精细化，渐行渐远，衍生出了不同的流程和结构以实现销量增长，这是产品经济中交易的"平衡态"。当商业逻辑发生变化后，"平衡态"随之迁移。将产品作为资产为用户提供服务、持续经营成为新的重要命题，在传播和销售的边界已经模糊的当下，营销分离的模式无法破题，必须找到问题的核心所在，以用户为中心，充分了解现在"95后""00后"的行为习惯，这是找到新的营销方式的关键。

伴随中国经济的不断增长，人们的物质生活水平也在不断提高，物质生活水平的高低直接影响着年轻人的行为与观念。"95后"是新步入社会的一代，第一批"00后"也开始步入成年，属于他们的消费新纪元即将开启。他们有着特殊的标签，"独生二代""与互联网共同成长的一代"，他们有着独特的消费观和价值观。"95后"的孩子处在"4+2+1"的家庭中心，独自享有父母及祖辈的爱，"95后"的父母大多接受过良好的教育，孩子的创新力和认知得到了极大的开发，物质生活相对优越。他们当中的部分人从小拥有走出国门看世界的机会，他们除了有更高的消费能力，还有更大的财务自主权，有更多的自己做决定的机会。

从社会环境上来说，"95后""00后"是伴随着移动互联网一同成长的年轻一代。"95后"的中学时期是手机上网的时代，众多的社交平台在这一时期出现，比起"90后"所处的时代，上网时间更多、内容更丰富，他们对互联网虚拟消费的态度不同于"90后"，更愿意为自己所喜欢和感兴趣的内容埋单，他们在互联网虚拟消费方面的比例相对更高。

第二节　品牌洞察

每个人都希望自己保持年轻，每个品牌也希望始终充满活力，而年轻不仅仅是目标群体年轻，更是品牌骨子里的基因年轻。所以，如何让品牌保持年轻的状态，持续保持旺盛的生命力，进而可以成为百年品牌，是每个品牌追求的目标。

现阶段中国品牌正走在转型升级且快速发展的路上，中央关于品牌强国的战略部署为每一个中国品牌指明了方向，品牌年轻化将成为中国企业品牌发展的趋势，它们也在积极探索适合中国品牌传播的新模式。

一、企业品牌年轻化的战略定位

品牌是企业发展的基石，是企业发展的源泉，也是企业长青的基本保障。对于企业来说，如何顺应时代潮流，激发消费者购买欲望，是企业长盛不衰、能够从"中国制造"走向"中国品牌"的关键。在产品过剩与信息泛滥的今天，唯有准确的品牌定位才能有效地占据用户的心，从而占据更大的市场份额。

因此，新消费品牌首先攻克的应是"战略定位"的问题。"年轻"的概念本就是充满包容性与多元化的，"年轻化"不是品牌的一厢情愿，而是消费者与品牌之间产生的共鸣。培养默契，满足更加多元化的个性需求。品牌想要找到全面贯彻"品牌年轻化"的方法，首先要建立品牌与年轻消费者的共鸣，合理定义品牌年轻化，找准品牌年轻化的目标与发展方向，用年轻人的方式思考，与他们"玩"在一起。没有完美无缺的战略决策，在遇到矛盾的观点时，要学会在两者之间平衡。

数字化时代推动着社会经济的飞速发展和进步。品牌年轻化的整合营销比以往任何时候都重要，整合运用多种媒介传播形式，形成一个有效的传播闭环，在短时间内形成有效的覆盖，从而获得品牌与年轻一代目标精准的接触点，培养默契度。顺应时代发展走向，提升服务，了解客户需求，重新定位品牌，从而进行整合营销，并对受众进行再定位。加强品牌与受众之间的互动，让消费者更加亲近品牌、了解品牌、熟悉品牌，从而获取消费者对产品的喜爱，提高消费者的购买欲望。

再一次回到品牌与人类的相似性类比上，有些人天生长了一张娃娃脸，60岁了还如同16岁，品牌亦是如此。产品的定位、品类已经决定品牌是否具有年轻化因子。不管是抖音还是微博，往往都是年轻人的媒介方式。在产品层面，它带给消费者一种从未体验过的沟通方式，它是新鲜的、有趣的、有距离的且充满神秘感的。这恰恰是捕捉"95后""00后"的信号，他们天生"桀骜"，对一切"特殊"充满好奇。

二、"老品牌"的品牌年轻化之路

根据波士顿咨询公司（BCG）联合阿里研究院2017年发布的《中国消费趋势报告》，"80后""90后""00后"等"新世代"消费者正蓄势待发，即将成为中国消费的主力军。郭又绮称："调查显示，与其他国家同龄人相比，中国年轻一代更热衷于消费。"

彼时中国城镇（15～72岁）人口中15～35岁的年轻人的占比为40%，而此数据在2020年增长到46%，而他们的消费占比将从45%增长到53%，中国的主体消费为"80后""90后"和"00后"人群，"95后""00后"人群成为消费人群的主旋律也将是大势所趋。

品牌如同人一样，有其生老病死的自然发展规律，它永远都在做年轻化，因为品牌终将老去，但总有人正年轻。世界营销大师菲利普·科特勒认为："品牌也会像产品一样，经历一个从出生、成长、成熟到最后衰退并消失的过程。"如今，延长品牌生命周期已不再是痴人说梦，像快克感冒药这样的品牌，想要保持活力，必须接受科学、系统的理论指导，明确市场定位，制定有针对性的品牌战略，并不断地进行市场研究，根据市场导向及时调整方向，确保能够应时、迎势、赢市而变。

三、品牌与年轻人对话的策略

1. 融入圈子

时代在前进，消费水平在提高，营销思路也要与时俱进。品牌年轻化的第一步就是要融入"95后""00后"的圈子，许多品牌喜欢研究当下年轻人喜欢看什么剧、"00后"的网络黑话、大热的电竞游戏、生活习惯、消费行为，用大数据分析他们的兴趣和文化。但是做到这些还远远不够，它仅仅是为品牌打开了"95后""00后"年轻群体的小小入口。真正的品牌年轻化是和年轻人做朋友，走进他们的内心，告诉他们"我懂你"。成为"朋友"的重要因素就是价值观，价值观趋同才是品牌年轻化的永动机。例如，爱与尊重、自由平等、独立自主、自由真诚，不喜欢束缚、不喜欢权威、倡导经济独立，相信"我命由我不由天"，享受自己创造带来的美好生活。

2. 贩卖价值观念

品牌拥有"生命"的秘诀在于品牌自身的"价值观念"，年轻化的概念本身具有包容和多元的特性，通过向年轻人贩卖这种"价值观念"，引起"95后""00后"群体的情感共鸣与价值认同，让消费者感到"你替他说出了心里话"。情感上的打动更深入人心，以一种真切的方式，激发消费者的热情。

消费者选择走进星巴克去喝一杯咖啡，不只是因为咖啡本身，真正吸引消费者走进去的是一种中高端的生活方式，说明星巴克已经超越产品的价值层面，带给消费者一种全新的价值观念。每代人都有所在时代的烙印，尤其是在中国，三年可能就是一个代沟点，只有源源不断地向消费者传递价值观念，才能保证品牌不会被遗忘。星巴克的价值传递无疑是成功的，这种被植入的理念很难落伍或被淘汰。

但人的内心错综复杂，"价值体系"更是十分抽象，世界上不可能存在价值观完全相同的人。因此，要向年轻的消费者传递品牌的价值观念，就必须对"95后""00后"的价值观念进行形象化、具体化的描述，并形成一种独特的"语言符号"对"95后""00后"进行解读。就像这世界上千姿百态的物质是由一定范围内的基本元素构成的一样,"95后""00后"的价值观念同样可以分解成若干个不同的基本元素,这些价值需求元素之间的组构便成了如今不同的价值体系。

通过对罗兰贝格的消费者价值元素的研究,我们会更加明白价值体系的组成。将这些元素整合到一个分析框架中即可明确各个元素之间的关系以及对品牌的影响。品牌需要对已经构成的价值定位进行持续、创造性的品牌沟通,从而积累品牌价值,并将其转化为品牌资本积累。只有如此才能打入"95后""00后"圈层,建立长久的纽带,让品牌在消费者心中占据一席之地。

3. 与年轻人"合谋"产生共鸣

年轻化不是品牌的一厢情愿,而是与年轻人的"合谋"。同以往年轻人一踏进社会就受到质疑不同,"95后""00后"一上来就受到社会和媒体的追捧。品牌最经常提起的就是"我们怎么和'95后''00后'沟通""我们要做品牌年轻化"。微信公众号浏览的都是《"95后",正在残酷惩罚不懂骚浪贱的品牌》《"95后""00后"消费趋势报告》。为了融入"95后""00后",跟着他们学猫叫,不喜欢也要强迫自己喵喵喵。但是,刻意地融入他们,却根本不可能真正融入他们的生活。

真正的吸引力不是靠讨好,而是我以你为傲。"95后""00后"的年轻群体享受自己做"明星"的感觉,品牌要做的是把聚光灯打在用户身上,关注他在意的、留心他留意的,他才会觉得他在你的心目中有足够的分量。这是品牌跟用户之间黏性强化的重要部分。只有这样才能与用户相互构建,真正成为"95后""00后"群体的一部分。罗振宇曾经说过,逻辑思维从来不会给课程打折,因为这会让那些原价购买的用户感到自己被欺骗,会产生不好的感觉,这是在消耗用户的信任感,在伤害消费者的同时也在伤害品牌形象。

相比"80后","95后""00后"人群选择品牌的标准不是"产品和服务做得好不好",而是"我喜不喜欢"。因此,品牌年轻化遇上"95后""00后"人群,不仅要面临产品和服务的变革,还要在营销上寻求变革。著名心理学家陈默教授曾对"95后"人群进行过一次深入的分析,得出5点结论:对话语权要求较高、情感负担重、知识面广、现实感弱、尊重个体的自由主义。同时，也对此呈现出前所未有的认同。这代年轻人缺乏集体感依托，又有着前所未有的情感负担，他们比任何时代更加需要心灵寄托。

"得不到的永远在骚动，被偏爱的有恃无恐"同样适用于品牌与年轻人之间的关系，一夜之间所有的品牌都在强调年轻化，似乎年轻化是一切品牌问题的解药，但是极少有品牌能够成功地做到年轻化转型。归根究底，决定品牌是否年轻的是品牌基因（DNA）。

4. 品牌态度的年轻化

品牌年轻化到底是为了解决什么问题？是为品牌注入新鲜血液，让品牌在众多的竞争者中依旧能够为消费者带来新鲜感，不被市场与消费者所遗忘。明确你的"年轻化"并不是指某一年龄区间，而是对生活的态度与充满活力的处世方式。在模特的圈子里，年龄增长决定工作的年限。因为青春才是决定是否被品牌青睐的主要因素。戴尔·奥利菲斯的出现，却改变了这种规律。这是一位来自美国的混血超模，也是在T台之上时间最长的模特，有人曾经这样称赞她：如果有一本书是专门写模特的，那么她的词条一定是在最前面。她从15岁时就开始走秀，虽然年过60，但脸部依然棱角分明，数十年都没有变过的身材让她成为整个模特界的楷模，有人说时间没有带走她的容貌，反而让她多了一种沉淀之后的魅力。她坚持、自信、优雅，她的独特韵味与魅力是她行走于各大品牌间的最佳通行证。

这种态度是年轻人所喜爱的，也是很多人一直追求的。这不仅能在年轻人群中找到共鸣，还能形成更加广泛的影响力。

5. 产品年轻化

人们都说酒越陈越香，但若对品牌也抱有此态度，那结果必然不会很好。随着市场的逐渐向年轻化发展，消费者的消费观念也越来越年轻化。历史悠久不再是资本，微软等老品牌也面临着品牌老化的危机。

产品缺乏创新、执行缺乏现代感、没能及时为品牌注入新鲜形象、品牌推广趋于疲乏都是这些老品牌面对新市场、新变化时无法跟随时代潮流的主要原因。一个在研发上毫无变化的品牌,终将在人们日益挑剔的眼光中被视作"守旧、落伍、毫无新鲜感",从而被人们所抛弃。及时制定调查方向、调整决策,若是在执行时缺乏现代感,给人们的印象依旧是"保守、老旧"。对原有品牌知名度的依赖与对原有品牌形象与销售量的错误判断,会导致企业错过变革的黄金期,造成品牌的形象老化。市场并不是静止、一成不变的,市场在不断变化,消费者的品位也在改变,新的品牌层出不穷,如果品牌有很长一段时间没有出现在消费者眼前,告诉消费者关于品牌的消息,那么总有一天消费者会忘记这个品牌。当然,品牌老化不止几条原因,作为品牌管理者,唯有究其原因并作出有效的、可实施的创新方法,才能顺利步入品牌年轻化的道路。

如何把品牌做到真正的年轻化,也是很多品牌所苦恼的问题。那些常年保持活力的品牌,它们的品牌魅力绝不在仅限于外表,而在于精神。

6. 品牌年轻化的误区

品牌想要走向年轻化,不一定非要运用年轻人喜爱的流行元素,给年轻人贴上标签,然后再将这些标签贴回到自己身上,试图"混"入年轻人的圈子,获得年轻人的认同。将一些看似热门的流行元素强行与自己联系起来,将自己打造成一个"年轻人",这些做法实际上毫无意义。外表的年轻化并不代表品牌自身的成功转型,但这种做法却是很多品牌的常见做法。例如,当嘻哈、街舞等街头风元素走进人们的视野、为年轻人所喜爱时,很多品牌广告都迅速地在广告宣传中加入对应的元素,以获得年轻人的青睐,可结果并不尽如人意。这些元素看起来似乎是品牌走进年轻人群体的"万能钥匙",可真正使用起来却发现信号不好,无法与年轻人顺利连接。由此可见,这些所谓的"年轻元素"并没有真正打动年轻人的心。

7. 实例:快克的品牌年轻化

年轻化是品牌的生命力。快克作为感冒药的知名品牌从2010年开始关注"90后"消费市场,用大学生创意的方式对话年轻人,一直持续到2020年,曾经的年轻人现在已经为人父母,成为快克品牌的目标消费者。

2020年入学的大学生已经是"00后"的新一代消费人群,快克给年轻人的品牌形象曾经一直是"抗病毒、治感冒、用快克"的功能性广告形象，2017年之后便开始从情感和品牌态度的转变呈现给消费者有温度、有爱心的企业形象，"感冒快克，快快乐乐"的品牌广告语也随着市场和广告片中的音乐被年轻人认知，这点从历届的大学生创意作品的变化中也能感受到，参赛的同学从最初的豹子、子弹等表现"快"的元素的应用，到现在年轻人喜欢的音乐、滑板、聚会等方式来表现创意（后附历届学院奖快克的部分大学生创意的作品）。

10年间，快克收获了数以万计的创意作品，塑造了快克超人和小超熊的IP形象，创意了很多年轻人喜欢的创意故事，如下面的"快克传说"。

在遥远的未知星系中有一个快克星球，那里流传着这样一个古老的传说：

天地开辟时，万物出现、秩序当立，而此时生于混沌之间的恶魔"流感"试图侵入快克星球，荼毒生灵、为祸一方，以此来扩大自己的"流感之力"。因此，快克星球上的生灵与"流感军团"展开了旷日持久的战争，但苦于缺乏御敌之才，加之原始生灵各自为战。随着时间的推移，原始生灵的势力被逐渐蚕食。

危急时刻，天地有灵，降生超人"快克"，统四方之灵、寻破敌之术、制万全之策，遂久御"流感"于家园之外，星球生灵得以世代平安。

后来，人们为求平安，遂于家中供奉"快克超人"，每逢"流感"异动，生灵便会向"快克"祈祷，以防"流感"侵扰。

类似这样的品牌故事，虽然是大学生们天马行空的想象，但是却赋予快克很生动的品牌故事。

从功效到情感的品牌年轻化之路，快克已经走过10年，而这10年，似乎也是每个企业的发展路径，快克早于其他企业在10年前就有品牌年轻化的前瞻意识，10年间的品牌年轻化，早已在快克品牌的DNA中注入了"年轻化"的因子，同时也在大学生群体中夯实了品牌基础。除此之外，快克还依托学院奖举办了快克创意实战奖，不愿错过每一件大学生创意作品。大学生天马行空的创意赋予了快克品牌阳光、快乐、健康的年轻形象，传递了健康生活的价值观，让大家对快克有了全新的认识。

第三节　传播洞察

这是一个碎片化的时代，媒体碎片化、信息碎片化，如何找到目标消费者和潜在消费者是每个品牌的努力的方向，如何传播更是互联网时代品牌面临的问题。

一、媒介碎片化现象

10年前，人们接受广告信息的来源，还局限于电视、广播、报纸、杂志等传统、单一的媒介形式。如今，随着人民生活水平的提升、互联网行业的快速发展，新兴的社会化媒体时代正式到来。人们在传播交流中的角色也由原来单方面接收信息的受众转变为参与信息发布与讨论的用户。随着时代的更迭，媒介也产生了碎片化形式，除传统媒体外，大众门户新闻、视频网站、社交媒体，诸如今日头条、抖音、快手、小红书等官方媒介平台及个人自媒体层出不穷，多如牛毛。

在这样一个碎片化的传播时代，让所有品牌商困扰的，就是如何在激烈的竞争环境中选择高效的传播方式。获取优势媒体资源，通过最简洁、有效的方式，运用"饱和攻击式"的手段，迅速占领市场，并在同行业中拥有绝对优势，俘获消费者心智，将品牌与消费者的生活融为一体，融入其最核心的生活轨迹。

找到年轻人的圈层是个比较难的事情，能够像10年前一样，一个品牌事件通过电视广告一下子爆发，在这个时代几乎是不可能的，需要品牌做更加充足的准备，更细分市场、细分人群、细分媒介、细分场景才能影响到目标消费者。

二、品牌传播如何种草

在飞速前行的中国市场中，消费升级和追求品质成为刚需。同种类不同品牌的产品日益增多，互联网上出现了繁多的品牌测评类 App、视频博主，在这些外在因素的影响下，"网红""爆款"的热闹浮于表面，绝大多数的消费者在乎的依旧是产品本身的有效性与品牌的稳定性、可依赖性。受众的需求观主要由需求组成，如何让"种草"的内容深刻且打动消费者内心，是品牌目前应当解决的首要任务。

品牌的忠诚度、知名度、感知质量、品牌联想构成了一个品牌的主要资产维度，各有所异，又相互联结。品牌联想意味着消费者看到或想到与品牌相联系的一切事物的合集，包括产品特性、使用场景等。当消费者有所需求时，会有意无意地从相关的需求联想到某一特定的品牌及其产品。例如，一想到上火就会想到王老吉，一提到咖啡就会立刻想到星巴克，一感冒就联想到快克。将品牌打造成某一场景的代名词，占据消费者心理认知的主要地位，将品牌镌刻在人们的记忆中，是品牌定位最成功的方式之一。因此，品牌应当尽可能地拓展与目标群体的接触点，产生品牌记忆，成为不同维度的品牌联想，并且进行积极化的维护与加强，形成统一化的品牌形象，占据消费者的心。

对于现如今的"95 后""00 后"年轻人来说，网上冲浪成为生活一部分，完美日记在小红书这种 UGG 社区的崛起，正是把握住了这个机会。从 KOL 种草到素人购买晒货分享使用感受的完美闭环，是其取得成功至关重要的环节。完美日记成功地用刷屏式的展示以及对品牌账号内容的管理，让一个刚成立不到 5 年的品牌迅速形成了品牌联想，成为"95 后""00 后"低收入人群购买平价化妆品时的首要选择。

中国庞大的消费市场和多元化的人群，衍生出的大批同类型的品牌产品，每一个行业都有各自的领军品牌，但是，在今天，所有的领军品牌都面临着同样的问题——"如何应对品牌升级"，这也同样是快克及其他品牌想要在学院奖比赛中不断寻求的答案。

第二章
重新定义年轻人的品牌创意观

导　语

　　"95 后""00 后"具有哪些独特的标签？从这些大学生创意作品中洞察到年轻人喜欢的元素，了解年轻人喜欢的表达和沟通方式是非常重要的，创意作品的天马行空和想象力，代表了新一代年轻人的品牌创意观。

第一节　年轻人眼里的品牌观

"95后""00后"消费人群品牌观的不同，是基于这一代人的生活环境、生活方式的不同。透过学院奖历届的作品，可以洞察到不同时代的创意点也不一样了。

一、年轻人生活消费价值观的渐变

细分当代青年群体的画像特点，我们不难发现，"95后"们是新科技的拥趸，沉迷于新科技而不能自拔。他们反对权威，崇尚自由，上一秒"崇拜"下一秒"藐视"是他们的人生写照。

追求健康、崇尚自由、拥趸新科技、求贤若渴、反对权威、偏好刷屏、嗨点自热是他们的主要特征，我们通过研究2011—2019年快克品牌命题策略的移变与学生作品的风格嬗变，印证了当代青年群体生活消费价值观的渐变。

综上而言，新时期背景下的新一代年轻用户群体的人生体验、生活行为与思维模式使得他们成长为不同于其他时代的用户群体。同时，"95后"独有的生活价值观与人生认知观也开始对品牌的传播策略发生深刻的影响。

二、"95后""00后"消费品牌观初体验

根据学院奖2011—2019年参赛作品的具体情况，我们可以提取区分"95后""00后"年轻一代消费者与"70后""80后""90后"消费者的三个显著特征。

1. "95后""00后"消费者群体兼具务实精神和怀疑精神

如果说曾经的主体消费人群大多以务实主义精神的眼光看待品牌价值与自身的联系，且大多以自身的需求为出发点，探寻品牌所传递出的信息是否与自我需求一致，那么"95后"的年轻消费者更多的则是心随所想，以自己的主观

感受为先。

消费文化发展至今，对于熟悉互联网操作的青年一代来说，消费文化语境中的品牌核心要义是需要建构出来的符号信息能被他们认可。时代气氛的移转，使得"95后"消费者在具备务实精神之外，还拥有着打破一切的怀疑精神。

鲍德里亚曾提出"超真实"的概念，他认为在媒介社会中"真实"与"非真实"之间的界限已经变得模糊，而所谓"超"已表达出媒介生活对现实生活的放大与"超客观"。因此，这种源自现实而又呈现"超现实"的日常状态，对于"95后"而言，并没有达成一种陌生化的非经验主义建构。电子媒介时代成长起来的"新青年"熟悉各类品牌传播的意义、元素，各种媒介发展中的新情况、新问题全然无法实现陌生的建构。于是，在品牌文化传递的当下，对于年轻人的影响更加凸显出年轻人活跃思维下的怀疑主义精神。

我们从近10年快克学院奖优秀获奖平面作品的创作风格嬗变中，以管窥豹，解析其中的变化规律。例如，如图2-1所示，2011年第十届学院奖商业平面类快克药业金奖作品，其创作思维正是呈现出"80后"群体彼时的实用主义原则。针对产品特性，进行创意结构，更多的创意概念表达体现在文案

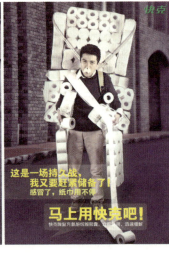

图2-1
作品名称：《"战斗"储备》
创意思想：感冒是一种十分折磨人的病，发病期间鼻塞、发冷、打喷嚏、流鼻涕常常让人感到困扰不已，伴随这些病症的就是堆积如山的纸巾、口罩和被子，每次感冒就像要打仗，还是一场持久烦人的被动战争。本作品就是表达快克的高效药力可以让你轻松战胜感冒，不用每次都要储备一大堆物资来度过漫长的"战争"。

部分的创设。

第十四届学院奖的常规评审金奖作品呈现出了中国代际文化变迁的审美流

图2-2
作品名称：《快克抖擞，感冒快走》
该作品通过有趣、有故事性的插画方式表达了小快克用药精准、可测算的主题。作者以独特的创意构想了一辆小快克车，可爱的小熊医生和妈妈根据小朋友的年龄、体重选择让不同重量小快克颗粒上车，以此表达了小快克用药可测算的主题。作品开始呈现出年轻人想象无限的特质、娱乐化的表述倾向。

变风格，如图2-2所示。

这一时期的作品，开始呈现出与现实世界浅显区隔的艺术化特征。时间移至2019年，从第十六届的评审中可以看到，"95后"一代已经成长为时代的弄潮儿。长大成人的"95后"群体，开始将他们自身的互联网气质与质疑精神、自我主义放大到极致化的境界。如图2-3所示，当下的平面类优秀作品呈现出青年人对品牌的自我解读与认知，也体现出"95后"一代的网络文化时代生长印记，用解构、重构、消解、娱乐等元素，重构了一种漫画式的后现代表达语境，而这也成为当下年轻群体的文化表现新特征。

2. 拒绝千人一面的特点

"95后""00后"不同于之前消费群体的主要特征还表现在他们对独特性的追求。传统的传播时代，品牌多选择通过电视等大众传播媒介将统一的内容文本自上而下、由点即面进行线性传播。如今，品牌的自我呈现与形象传播更多地借助于新媒体的各种表达形式。很大程度上，在如今的媒介环境与传播语境中，传统的表现方式已不再适用，用户、消费人群更倾向于打破千人一面的

图 2-3
作品名称：
《感冒来袭，快克用起》
创意思想：运用夸张诙谐的插画手法，将《封神榜》中家喻户晓的二郎神、姜子牙等作为主人公，即使他们有上天入地的本领，也难逃感冒鼻塞、头晕无力的痛苦，而这时，快克闪着光芒出现，帮助他们脱离感冒的烦恼。感冒来袭？快克用起！

格式化信息接受与品牌认知风格。

从快克的影像类作品的创作形式移变中，我们可以发现当下"95后"群体个性化创作思想的表达特点。从第十三届常规评审金奖作品到第十五届常规评审金奖作品的创作变化中，我们可以简单地窥探到"95后"群体拒绝千人一面的刻板化表达的特质。

年轻化的表现策略与自我的极致追寻，更加凸现出该群体独特的品牌观与创意观。"以我为主、为我所用"的理念得以凸显，反叛思维下的追求自我与解构权威，对话语表达的自由化追求，以自身的喜好点与认知性对作品主旨的诠释成为年轻群体的创作趋势，由此彰显出"95后"消费群体独特的群体特征。

3. 技术将"95后"甚至"00后"消费者变成品牌的拥趸

新媒体时代的用户，更类似于"数据库消费的用户"。我们称之为"数据库消费"（Database Consumption），既是为了凸显文化产品在数码媒介中充当媒介融合的主导性媒介角色所具有的数字化特征，也是为了强调文化创意产业因市场细分的创意生产和源流多样的类型嬗变而形成的内容海量程度，更是旨在表明，在今天这个互联网络已然成为文化创意产业的基础设施和资源配置主要工具的时代，那些海量的数字化内容又无时无刻不在被拥有巨大数据处理能力的搜索引擎抓取并索引，被编入到可以立即回应使用者搜索请求并将搜索结果发送到智能终端的数据库当中。

作为数据库消费的用户,新型文化消费者获取文化资源的方式,绝非被动地接受,而是能够利用信息检索机制,尝试从海量的内容中主动地寻找、调用符合自己需要的数据。而对于这些数据的处理,新型文化消费者也并非只是单纯地接受,而是在互联网的赋能之下,能动地参与到媒介文化的生产与传播过程当中。

他们不仅能够从既有的文化产品中创造出与自身情境相关的意义与快感,进而通过互联网平台的评价机制与用户界面的交互功能,将各自的意义与快感转化为多种多样的声明,甚至是即时地将自己的声明添加到正在消费的文本对象之上。而且,他们还能够将那些数据对象当作"为我所用"的素材,借助各种文字、图像、音频、视频编辑软件或游戏制作软件,创作出各式各样的文化文本,进而利用一系列互联网应用所提供的发布平台与传播渠道,公开发行这些文本。

可以说,"95后"对于品牌的理解与认知、情绪累积感源自他们的自主选择与深刻的内在认同。同时,喜好的差异、圈层的不同也使得他们的选择态度有所差异。

Z世代是首个真正的数字世代,从高层视角看来,他们似乎是同质的互联群体。但是,在品牌选择的优先顺序方面,Z世代消费者与过去的几代人一样,都有其独特的个人想法。"自造"精神突出的新一代更关注品牌与自身创造性、个性化特征的交互引力。Z世代属于一个时代的文化、娱乐等共同属性的社群群体,他们的原生气质成为品牌需要认真考虑的消费者思维特点。

Z世代消费者希望积极参与品牌互动,同样,这种倾向在新兴市场更为明显。在设计促销活动、品牌信息和内容时,品牌企业需要充分考虑到不同市场中Z世代消费者在兴趣和互动方面的差异。一个值得一试的目标是吸引Z世代消费者参与共同创造活动,让他们感受到品牌企业对他们的重视。

Z世代消费者能够轻松了解全球趋势,形成独特的产品品位。安全捕获全球数据对于激活市场中的全球化品牌尤为重要。品牌企业应当清楚,新兴市场中的Z世代消费者在沟通与购物方面对移动设备应用的依赖度更高。他们是联络最为密切、最爱发声、最积极参与互动的Z世代消费者。

第二节 "95后""00后"消费人群创意洞察

基于"95后""00后"新一代的消费行为习惯和品牌观的新精神内涵，Z世代年轻人的创意观同样呈现出与之相应的新变化。

一、个性化标签："我就是我，不一样的烟火"

随着近年互联网生态的快速发展，社会信息的通达度不断提高。个体获取信息的途径和渠道趋于多元，"95后""00后"年轻人更是如此。根据腾讯大数据调研结果，"95后"日常应用QQ空间、QQ、微信、微博等社交媒体，乐于在不同的社交应用上分配时间，有意识地将不同的平台区分开来，在其中进行不同的社交行为，如用QQ空间分享无厘头、用微信维持亲密关系等。互联网的扁平化将全球网络联系在了一起，使得"95后"能够在多元的信息交互平台的协助下拥有更加强大的信息资源获取能力。西方社会的消费文化和裹挟于其中的物质化的价值观传入中国并对"95后"消费观的形成产生直接影响。多元文化产品中带有的"自由""平等"等价值符号催生了"95后"的个性化取向。"我就是我，不一样的烟火"成为"95后"的个性化的标签。这一特征在这一代人的消费选择中有明确的体现，娱乐消费是"95后"一项重要的消费。

"95后"的个性化不仅是主体特质的彰显，同样也是客体消费选择中的一项重要的衡量指标。追求时尚和潮流、保持独特的风格使得他们着力体现与众不同的消费行为。"娱乐至死"的享乐文化、以"轻奢"为主题的奢侈品文化、以"爱疯"为代表的高端电子产品消费等极具个性的消费项目层出不穷，个性的消费文化逐渐成为"95后"日常生活和社会活动中具有象征性和符号化的风格特征。

二、创意突围更多元:"我喜欢,我选择,我付费"

"95后"甚至"00后"的消费偏好、品牌选择更加多元化、个性化。消费涉猎范围广泛,从"衣食住行"到"二次元"和"追星",都能极大地激发他们的消费热情。在消费的选择上,兴趣是他们消费行为决策过程中最重要的指标。

为"兴趣"而"付费"成为"95后""00后"消费群体的一种行为常态,这既是新新人类群体的消费习惯特征,也深刻地影响了这一群体的品牌认知观与互动参与式的品牌创意观。他们释放自我天性,敢于大胆地说出自我的真实想法,更希望与品牌达成文化、精神、内容层面更深刻的实质性共鸣。他们的个性特征、自我喜好以一种更直接的方式呈现出来。直接的行为喜好表达,互动参与,连接与品牌的关系,多元化的创意形式表现个体对品牌的理解与认知,这些都成为"95后""00后"新一代独特的创意品牌观的特征。

三、触发式的理性回归:"品牌重要,质量更重要"

随着产品的日趋多元与充盈,品牌逐渐成为衡量产品价值的重要符号。入世之后,中国的品牌文化逐渐兴盛。品牌代表了一种潮流文化,同时也作为一种符号,代表阶层、财富、地位而被世人所追捧。"95后""00后"生活的时代恰好正处品牌文化的兴盛时期,其消费观在潜移默化中也受到了影响。

作为新时代的年轻人,他们主动或者被动地成了时尚潮流和新的消费方式的追随者和引导者。但是与盲目跟风、追求品牌不同,"95后""00后"的消费更加理性。数据显示,他们注重品质,关注品牌内涵。近半数的"95后""00后"对某品牌偏好的首要原因是其质量过硬,其次看重性价比高和口碑好。他们追求自我的个性彰显,但在网络的交互环境下更加喜欢分享,在"共享"与"反馈"的过程中不断地对信息进行选择性认知、理解、记忆,从而消解消费社会传媒的负面信息,避免消费的盲目跟风。当然,网络环境中的鱼龙混杂往往也让"95后""00后"在交互中迷失正确的消费导向,无孔不入的嵌入广告使得信息的获取和处理更为艰难。

Z世代群体面对品牌消费有其基于兴趣点自我构建的理性框架，他们需要内容的好玩、品牌的创意，更有着基于品牌质量之上的花式创意解读能力。

不难看出，Z世代消费者正在挑战企业的核心所在，他们可以非常快地"去伪存真"。为了赢得当今最年轻一代消费者的心，品牌企业需要改变思路。

1. 随时随地满足消费者的需求

依靠怀旧情愫和往日辉煌不再能留住Z世代消费者。许多知名品牌企业需要改变长期以来的业务实践和营销战略，以便与他们对接，满足他们的体验期望。一成不变的模式化营销规划和执行方法已远远不能满足这一代消费者的需求。品牌企业需要采用"时刻保持联系"的营销模式，才能满足他们的高期望值。此类模式需要能够自动地将语境线索和个人喜好考虑在内，适时、适地地向个人消费者传达合适的资讯。

2. 抓住Z世代消费者长大成人的机遇期

了解如何抓住Z世代消费者长大成人的机遇期，使自己的品牌与他们的创造力形成协同效应。随着成长，Z世代消费者会形成自己的喜好、态度和习惯，这正是他们决定品牌喜好的时期。因此，品牌企业只有很短暂的机遇期，可以与Z世代消费者建立紧密关系。Z世代消费者只会和感觉与自身相关的品牌企业分享创造力，并反映他们的价值观和喜好。为了实现这种相关性和一致性，品牌企业需要甄别形成不同地域和消费群体的经济与文化因素。

3. 审视品牌核心与品牌战略

保持真实性：企业需要审视品牌的本质，确保产品、品牌战略和激励措施能够真正地与品牌的追求保持一致。Z世代消费者现在可能还没有净资产，但是他们已经在影响自己的家人和朋友。投资于这类消费者的品牌互动，采用他们偏爱的互动渠道，是激发品牌热情的重点。但是真实性更为关键，必须确保品牌在每个接触点做到公开透明，注重落实品牌承诺。

第三章
平面视觉创意方法及案例解析

导 语

　　看了这些大学生创作的平面作品,无论是色彩还是各种元素的表达,都发现创意思想是自由的,创意是有方法和路径可寻的。针对学院奖参赛作品中涉及快克的一些平面作品,我们能够发现大学生的创意水准在不断提升,更能看到视觉和流行趋势的变化。

第一节　平面创意概述

创意即创新意识，来源于社会，又指导着社会发展。如今，创意产业在市场上有着举足轻重的地位，"以创意支配的世界"已经到来。

什么是好的平面创意？

首先。我们应该了解什么是平面创意。

平面创意，即是使广告达到广告目的创造的主意，能把消费者带入一个印象深刻、浮想联翩、妙趣横生、难以忘怀的境界中，引起消费者的共鸣。体贴入微，像个推销员，更像关怀生活品质的朋友。

一个好的创意，重在"打动人心"。

从这个意义上说，设计者除了具备专业知识以外，还要在设计中倾注自己全部的感情，只有首先感动设计者，才能让客户满意，进而感动受众。因此，平面广告设计艺术必须具备综合知识和相关技能，才能正确地理解和把握自己所要设计对象的本质特征，运用各种设计元素进行有机的艺术组合，形成图形有创意、色彩有品位、材料质地能打动人的作品。一个好的设计，不仅是图形的创作，也是综合了许多智力劳动的结果。可以肯定，平面广告设计艺术具有文化产业的一切特征，即横跨经济、文化和技术的综合性特点。

第二节　平面视觉创意方法

正确的创意方法是好的平面创意的第一步。

一、创意的创新途径

1. 有基础的创新

有基础的创新是最容易入手的创作方法，这种创新方法可在前人的基础之上结合其他元素及想法衍生出新的灵感。在艺术史及设计史中，有很多类似的案例可以拿来借鉴、学习。马娅·安杰卢认为，创意是源源不断的，你用得越多，你就拥有越多。因此，我们可以多学习经典的创意，不断充实自己的思想。

2. 创新的方向

由于平面设计和视觉传达的概念在广义上相同，因此也可以从"图形""视觉"等层面进行创新。

（1）平面图形。图形创意的表现方式有很多种，如解构、重构、拟人、抽象、夸张、材质异化、格式塔、视错觉原理、创新的配色方式等。例如，1975 年福田繁雄京王百货设计的宣传海报，设计者运用图形的正负型关系，上下重复并置，设计的男性女性腿的元素简洁而又极具趣味性，给人以深刻的视觉印象。

（2）视觉形式。对比图形设计，视觉形式包括了更广泛的媒介应用，强调用新奇和变幻莫测抓住人的注意力。这种较为立体化、动态化的方式要随时掌握人们接受信息的途径变化。

（3）传达方式。在传达方式上的创新比较看重受众的体验感。这类创新主要从受众出发，将其作为设计的一部分，增加了设计与受众之间的互动感及趣味性。Backbone Branding 设计的饮品包装就运用了类似手法，水果图形会随着饮料减少产生被吃光的效果，既强调产品的新鲜和营养，又增加了设计的惊喜感。

以上方法可以帮助大家拓展自己的创新思维,逐渐掌握设计中的创新技巧,从而能够更快地获取创作灵感。

二、四大创意方法

1. 5W2H 法

所谓 5W2H 法,就是分别从 7 个方面去对策划创新的对象、目标进行设问,既是角度,也是分解创意策划对象的程序。

Why——为什么需要创新?

What——什么是创新的对象?即创新的内容和达成的目标。

Where——从什么地方着手?

Who——什么人来承担任务?

When——什么时候完成?

How——怎样实施?即用什么样的方法进行。

How much——达到怎样的水平?或需要多少成本。

5W2H 法能够帮助我们的思维路径实现条理化,围绕目标,厘清步骤,有助于在管理乃至生活中杜绝思维的盲目性、随意性和资源浪费。

2. 行停法

美国创造学家阿甲克斯·奥斯本总结整理出的一种设问类型的创新技法。通过"行"(go)——发散思维(提出创造性设想)与"停"(stop)——聚敛思维(对创造性设想进行冷静的分析)的反复交叉进行,注重程序,逐步接近所需解决的问题。行停法的操作步骤如下:

"行"(go)——思考列举与所需要解决问题相关联的要点、因素。

"停"(stop)——对此进行详细的分析和比较。

"行"(go)——有哪些可能用得上的信息。

"停"(stop)——如何方便地得到这些信息。

"行"(go)——提出解决问题的所有关键点。

"停"(stop)——确认最好的解决问题的切入口。

"行"（go）——尽量找出验证试验的方法。

"停"（stop）——选择最佳的试验验证方法。

如此循环往复，直至思维创新达到预期目标，获得有效的方法，形成完整的策划方案。

3. 六顶思维帽法

英国剑桥大学的心理学医学博士爱德华·德·波诺，在1980年发明了"平行思维法"。针对具体事情，在同一时刻，在思考时情感、信息、逻辑、希望、创造力等都要参与到思考之中，人们要同时控制它们。

该方法主张把情感和逻辑分开，将创造力与信息分开，以此类推。波诺先生形象地把各个概念比作不同颜色的思维帽，戴上一顶帽子代表使用一种思维方式。

白帽：纯白，纯粹的事实、数字和信息。

红帽：刺目的红，情绪和感觉，包括预感和直觉。

黑帽：漆黑，做错误的倡导者，否定判断，代表负面因素。

黄帽：黄色，明亮和乐观主义，肯定、建设性的机会。

绿帽：绿色，象征丰收，植物从种子里茁壮成长，意动、激发。

蓝帽：蓝色，冷静和控制，管弦乐队的指挥，对思维进行思维。

戴上不同颜色的帽子，分别从不同的角度去面对问题，得出的结论会有所不同，综合这些思维结果所得出的结论往往是最好的决策。

4. 头脑风暴法

类似于成语"集思广益"的含义，头脑风暴法是阿里克斯·奥斯本于1938年发明的，这是激发人的大脑思维产生创造性设想的一种集体讨论方法，又称BS法。

头脑风暴法的具体做法是：围绕某个目标明确的主题，召开一次有10人左右参加的小组讨论会。会议主持人的言辞必须妙趣横生，善于引导、激励会议成员积极思考，以使场面轻松、和谐。为了使会议气氛热烈、富有成效，对到会成员提出以下4条要求：

（1）不允许批评别人提出的设想。

(2) 提倡无约束的自由思考。

(3) 尽量提出新奇的设想。

(4) 结合他人的见解提出新设想。

头脑风暴法主要包括准备、热身、明确问题、畅谈、加工设想5个步骤。通过这5个步骤，先把设想归为明显可行的、荒谬的和介于两者之间的三类，经评价筛选出最佳方案。

总的来说，好的平面创意需要丰富的知识储备和充足的理论思维，才能在不断的尝试和挑战中，形成自己的创作思维。

第三节　平面视觉案例解析

透过对学院奖快克创意获奖作品的研究和分析，洞察平面创意的方法及理念。

一、卖点创意

所谓卖点，是指产品具备了别出心裁、与众不同的特色、特点。最佳的卖点即为最强有力的消费理由。

卖点一方面是产品与生俱来的，另一方面是通过营销策划人的想象、创造力"无中生有"的。不论它从何而来，只要能使之落实于营销的战略战术中，化为消费者能够接受、认同的利益和效用，就能达到产品畅销、建立品牌的目的。

对消费者来说，卖点是满足目标受众的需求点。对厂家来说，卖点是产品火爆市场的一个必需的思考点。而对产品自身来说，卖点是产品自身存在于市场的理由。

新一代的消费者对有创意、有个性的东西总是很感兴趣，因此，创意也属于产品的"卖点"。在台湾民窑艺术坊，标志牌"会认主人的茶壶"勾起了市民的好奇心。这款茶壶的独特之处在于：壶嘴和壶盖上分别是一只母青蛙和一只公青蛙，待茶煮好时公青蛙嘴里会冒出气泡，似乎是在追求母青蛙……这款暗藏玄机的"春蛙玄机壶",让周边的市民啧啧称奇,引来了很多的购买者。

卖点又分为创意卖点和技术卖点。创意"卖点"并不是说经验丰富就行的,新的卖点往往不是从经验中获得的,更不是从简单的模仿、借鉴中得来的,而是需要捕捉、发掘、提炼,更需要独创。产品的每一个独特"卖点"都是突破常规的结果,其间的曲折坎坷、耐人寻味,也给产品"卖点"的创意平添了几分神秘。因此,公司要想制造创意"卖点"就要跳出经验圈,擦亮眼睛仔细观察生活,有时创意就在身边。

其次,技术"卖点"其实就是"卖技术",也可以说是"卖工艺"。在新产品的先进技术上寻找产品的"卖点",提炼出差异化的概念。这种创新成为市场新的"卖点",使得品牌的知名度和销售量迅速增加。

现在每天都会有一批新的技术诞生,也有一批新的技术产品问世。技术"卖点"锐气逼人,令不少竞争者望之胆寒。未来的产品市场,概念店成为发展趋势,它直接体现了"先制造需求再制造消费"的营销理念。

《"粒"即见效》《"粒"即叫停》这组平面作品(见图3-1)以开机暂停符号直观地表明快克"立即见效"的卖点,运用包装袋和胶囊拼图组合的特点,新颖、形象地展示了快克治感冒的药效。这就是典型的运用符号创新的创意,以常见的符号进行转换和组合,运用符号本身的意义,将产品"立即见效"的特点与符号本身巧妙地融合在一起。

 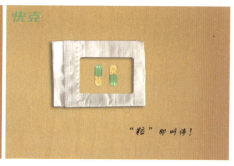

图 3-1
作品名称:《"粒"即见效》《"粒"即叫停》
创意思想:系列作品以"关机按钮""暂停按钮"为元素,用胶囊和擤鼻涕用的纸巾拼成"关机按钮"和"暂停按钮",寓意快克疗效显著以及飞一般的速度。

通过以产品卖点为主线，创作的作品紧扣产品特点，让消费者产生了直观的感受，增强了产品记忆，从而可以促进产品的销售。

《"粒"刻恢复》《"粒"刻消失》这组平面作品（见图3-2）同样抓住了快克"立即见效"的产品特性，在快克胶囊上进行手绘，展现生病和痊愈两种不同的状态，生动有趣。一种病恹恹，一种活力满满，一粒快克胶囊就可以让感冒快速痊愈。通过男孩、女孩生动的表情细节，表现了快克产品的核心卖点，形式生动有趣、富有创意。同样，手绘的方式使快克走入了年轻人的市场，赢得年轻群体的青睐。

图 3-2
作品名称：《"粒"刻恢复》《"粒"刻消失》
创意思想：以快克感冒胶囊的背面包装作为创意来源，完整的包装上是没服药时生病难忍的状态，但只要轻轻地撕开胶片，就马上恢复到健康、精力充沛的状态。表现出快克治疗感冒，如撕开胶片般简单、快捷，只需一粒，就能让人恢复正常，体现出快克起效快、疗效好的特点。

这样简明、新颖的创意更有利于在网络上宣传快克这个品牌，不拘泥于形式，是广大年轻朋友喜闻乐见的。

《块》这组平面作品（见图3-3）分别选取了飞机、跑车和和谐号列车三种交通工具，以快克颗粒构成，让大众清晰明了，突出一个特点——快，以此暗含快克的产品特性——药效快速、迅猛。

"卖点"不论从何而来，只要能在营销的战略战术中化为消费者能够接受、认同的利益和效用，就能达到产品畅销、强化品牌的目的，公司所塑造的产品"卖点"也就成功了。凡是真正有杀伤力的卖点，都能在瞬间打动消费者。

第三章　平面视觉创意方法及案例解析

图 3-3
作品名称：《快》
创意思想：利用快克胶囊药丸里的黄色药粒，重复排列，组成一辆跑车、和谐号列车、一架飞机的形象，从而说明快克的药效之快。

《这一克，很重要》这组作品（见图 3-4）第一张图是以天平精确计量的特点，体现快克"克克计算"的企业精神；第二张图是卡通工人手拿三角尺，上面刻有与年龄对应的克数，清晰明了，直观地体现了产品的特性。以精准的剂量为特点，精确到克，不同年龄段的小孩有不同的剂量，十分精确，严格为孩子选择合适的药量，体现了产品既敬业又精准的特点。

此创意充分体现了产品的卖点，卡通人物精确计量的场景，充满童趣，符合儿童的审美特性，拉近了与消费者的距离，并将"点点滴滴，丝毫不差"的理念放置其中，吸引更多的家长购买，让消费者充分了解小快克的药性，增加了信任度和好感度，充分运用卖点进行有趣的平面创意。

《一触即破》（见图 3-5）以气球吹气过多而爆破为主画面，配以文字："过量不是没有伤害；最精准的剂量，给最可爱的你。"运用借代的手法，指出如果过量服用药物将会发生意外，由此着重强调了小快克精准剂量、良心做工的

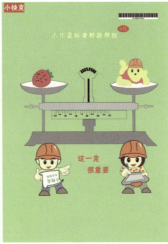

图 3-4
作品名称：《这一克，很重要》
创意思想：小快克这一品牌是针对儿童创立的，强调的就是精准和安全用药。本作品采用精准的实验器材进行平面广告设计，还利用了一些人物形象和卡通形象，更增加了广告的趣味性。

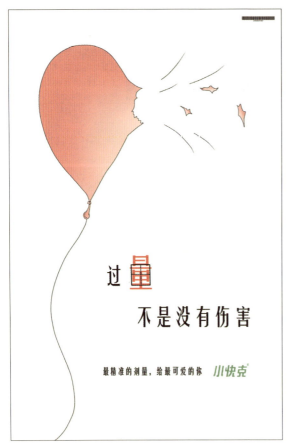

图 3-5
作品名称：《一触即破》
创意思想：当感冒遇到快克，就像气球遇到针，一碰就破。本作品形象地表达了快克对付感冒的快速有效、一针见血的特点。

特性，抓住了产品的卖点，体现了小快克充分为儿童的健康着想，合理用量，以增强用户的信任度。

有卖点的创意才能让广告带来更高的转化，强调产品的特性，让小快克品牌深入人心。

铜奖作品《好吃的小快克》（见图3-6）由三幅美食图共同构成，它找到了儿童药物目前所存在的主要痛点之一——"小孩子怕苦"。所以它把小快克的良好味道作为主要卖点，分别将小快克比作冰棒、薯条和汉堡三种儿童们喜闻乐见的美食产品。结合广告语"小快克，好吃的"，着重突出了小快克不苦的特点，让儿童们看到小快克的时候，能联想到快餐美食，打消了吃药怕苦的顾虑，也为家长们解决了孩子因为怕苦而不配合用药的问题，解决了儿童药物中的一大痛点，是很成功的一则广告营销。

图 3-6
作品名称：《好吃的小快克》
创意思想：通过置换的方式，赋予小快克可爱的形象，把小快克和汉堡、薯条、雪糕结合，使小快克变成可爱、活力的形象，传递了健康的生活价值观、积极向上的理想价值观。

银奖作品《最快速的治疗》(见图3-7)的卖点是药效的"快"。从画面上来看，这幅作品是普通感冒药物的说明书，除了开头和结尾以外，创作者把所有纷繁复杂的说明和注意事项全部删除，让开头和结尾组成一句话"您的感冒治疗已经痊愈"，这一做法极其具有新意，这使得快克这一品牌的药效作用成为整幅作品的亮点之所在，直接抓住了观众的视觉中心，引导观众阅读、记忆品牌信息，也从侧面体现出快克的药效之快。

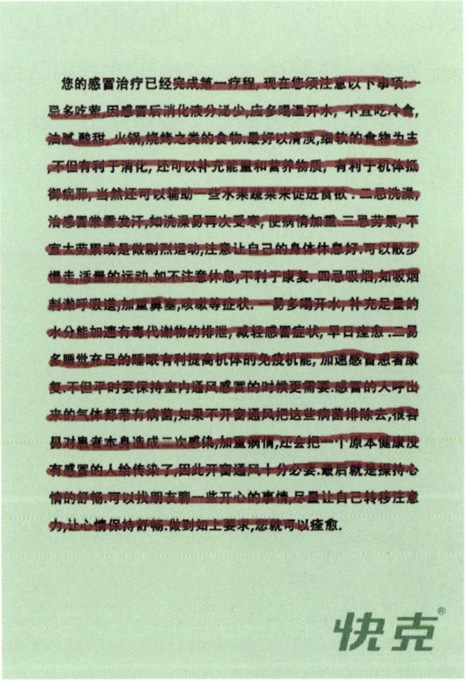

图 3-7
作品名称：《最快速的治疗》
创意思想：感冒治疗很烦琐。通过说明书的烦琐和直接治疗的效果对比，把多余的删掉，突出快克的药效极快。

铜奖作品《小快克亲子篇》（见图3-8)区别于主流设计风格，采用手绘这种新的审美风尚方式。手绘作品更加容易凸显创意者风格和品牌个性，从而在众多设计当中脱颖而出。爱玩儿是儿童的天性，作者用简单的黑色漫画，绘出了儿童玩耍的场景，结合广告语"不怕细菌，就怕没兴趣""不怕细菌，就怕不好奇"体现出了快克可以让孩子不用再惧怕细菌，可以让孩子尽情地在各种场景玩耍，因为快克是守护孩子们最大、最坚强、最全面的后盾。

图 3-8
作品名称:《小快克亲子篇》
创意思想:用儿童的视角制作插画,表示亲子之间快乐玩耍的画面,表达不应该惧怕生活中的细菌,应该享受童年的快乐。侧面表现出小快克对孩子的保护作用,孩子只有在健康、有活力的时候才能享受快乐的生活,而小快克就可以将健康活力带给每一位孩子。

  铜奖作品《啊,你看起来好像很好吃》(见图3-9)同样以小快克的味道为主要卖点,用儿童水彩漫画的形式进行表达,两张图中,一男一女两个小朋友张嘴笑着,嘴里各自含着一颗草莓,草莓里包裹着小快克胶囊,借此说明小快克是甜的,而这甜味可以让小朋友们对它无法拒绝,从而让小快克这个品牌轻易地获得小孩子的芳心。另外,画面整体轻快、明艳的彩色调,奠定了这个作品活泼欢快的气氛,也利于让孩子们接受。小快克,你要尝一尝吗?

  铜奖作品《小快克,大快乐》(见图3-10)从夏天入手,两张图的大轮廓分别是冰激凌和蒲扇。另外,作品背景采用了温暖的暖黄色,从而提醒消费者,有快乐,夏日尽情畅爽,不要怕着凉。

图 3-9

作品名称：《啊，你看起来好像很好吃》

创意思想：以草莓味的小快克为创意点，同时借助小快克的微博广告语"闪亮小快克，感冒也快乐"进行联想。选择用流着鼻涕的两位小朋友，张大小嘴巴很开心地吃草莓的画面，而这颗草莓同时也张开了嘴巴在吃小快克，仿佛有一种小朋友在对小快克惊呼道"啊，你看起来好像很好吃"的感觉。画面采用手绘加板绘修改的方式，希望有一种童稚的气息。基于儿童色彩心理学的研究成果，作品采用高纯度的粉色和橙色作为主色调。

图 3-10

作品名称：《小快克，大快乐》

创意思想：冰激凌和蒲扇是夏天专属的物品，作者从这两个物品入手，建立大轮廓，还在这个大轮廓里添加了许多美好的、有趣的小元素（如小翅膀、麦穗、暖阳、云朵），同时在画面的正中心添加了快克的形象，使得快克品牌成为整幅作品的视觉焦点，抓住了观众的视觉中心，引导观众阅读、记忆品牌信息，加深对快克这一品牌的记忆。

二、情感创意

情感诉求应以消费者的心理需求为根本，贴近消费者的情感需求进行请求，才能产生强大的吸引力。

广告创意必须与消费者的情感世界建立沟通，以辅助人们理解广告为主，在理解的基础之上达到与消费者的价值观、个人品位、内心情结相契合的情感共鸣。成功的广告情感创意不仅能够给公司带来产品营销的收益，而且也能为公司提供有效的情感积累。

需求是情感的基础，任何广告要想完成对消费者情感进行的刺激，是要以消费者的直接需求为中间介质来发挥作用的。

广告要想刺激消费者，必须是针对消费者需求设计的，把产品与消费者需求紧密相连，使消费者一旦产生需求便能联想到对应的产品，从而达到与消费者情感融合共鸣的效果，只有这样的设计才能得到出奇、有效的促销结果。

广告情感的创意设计不仅是为了刺激消费者消费，更是要将这种刺激与广告的商业目的相联系，让消费者把需求寄托于情感之上且从广告情感中得到完美释放；将消费者的视线转移至产品信息上，这才是广告情感创意的终极目的。

要从想象与联想中获得情感的满足，必须将广告情感与产品特性完美结合，通过具有创意的广告形象来引发情感联想，进而引发渴望需求，在消费者的内心塑造出完美的品牌形象。

要求能从产品特征上引导联想，在产品与消费者情感之间创造出一条畅通无阻的连接带，看准这一连接带，才有可能创造广告奇迹。

广告情感的创意一定是与品牌形象相匹配的，也就是说，品牌可以用一段深情的故事或一段刻骨铭心的情缘来传达品牌的理念，从而让消费者从心底接纳品牌。百年公司的洗发液广告就具有这样的广告情感创意："如果说人生的悲欢离合像一场梦，那么百年的缘分便是上天早有的安排。"心里面怀着一份难以遗忘的情缘回到故乡，去追寻曾经拥有的美丽生活，道出了人们对美好生活的强烈向往，对人世间真爱的渴望，对人世间常事变迁而真情不变的希望。这一广告将深情的意境与品牌文化、明星形象完美地结合，可以称得上是广告经典,当然其产品的销量也因广告的成功与日俱增。

　　进行深层次产品设计时需要深入了解广大消费者极有可能产生的需求思想,判别是直接物质需求还是情感暗示指定需求,是体现社会地位的需求还是普通老百姓的需求,只有如此才能将消费心理与情感暗示紧密结合。

　　在广告设计的过程中,对于情感需求上的暗示,有时候能够影响到消费者的消费意识,广告可以让消费者知道一旦拥有了该产品所显示出的独特气质,表明只有成功人士才应拥有的情感暗示来宣传产品。某香皂品牌广告"香白如玉,美丽肌肤,容颜永不老",给喜欢美丽容颜并且想留住青春的女性朋友非常大的心理情感暗示,使她们在无形中接纳了该广告和产品,并且想试用一下该香皂,其广告的商业价值由此得以体现。

　　《小快克之上衣篇》《小快克之裤子篇》这两组图片(见图3-11)以婴幼儿的卡通裤子和上衣为形,以快克包装为底,上面的商标有两个不同的号码,分别对应一岁和三岁孩子的用量,配有剪刀,代表吃多少剪多少。

　　《心意》这组图片(见图3-12)以"心意"为主题,以帽子、手套、围巾三种充满温情的饰品表现了"点滴关怀,用心呵护"的核心,配色为快克的标志颜色——黄色和绿色,将快克的核心观念和元素充分融合在了一起。

图 3-11
作品名称:《小快克之上衣篇》《小快克之裤子篇》
创意思想:"合身才是最好的",蕴含着父母对孩子的关爱,希望给孩子最好的一切。情感代入容易唤起父母的爱子之心,作者从亲情出发,绘图风格也十分温情,使消费者对小快克了解得更加清晰。

图 3-12
作品名称：《心意》
创意思想：利用手套、帽子和围巾给人贴身又贴心的呵护来表现快克感冒药是一款绿色的、贴身又贴心的药，具有抗病毒、治感冒、标本兼治、防治结合等特点。经济实惠，家庭常备。

情感体现在这三类饰品中，通常这些饰品代表着关怀和呵护，蕴含了家人和朋友的关心，而快克正如这些饰品一样，带给人温暖和关怀，在感冒时治愈你。这种情感的融合切合快克品牌的核心特点。最后的配字"绿色的药，贴身的药，快克 20 年感冒药，值得信赖"这句话表明了快克是绿色放心的药，增强了用户的好感度。

《快克上门》这组作品（见图 3-13）以短信交流的方式将快克植入其中，创意奇妙，前两个图以"多穿点衣服""多喝点水"为回应，这是部分男生的常用语，这种没有距离的场景重现可以吸引大批年轻的消费者，十分具有创意。第三个图巧妙地将快克封面动画人物的动作当作"敲门"的动作，代表快克来关心你的感冒，比男朋友更贴心，巧妙地将快克代入，毫无违和感，更容易在大众之间传播此品牌。

关于"情感创意"，此作品以男朋友关怀方式不妥当，女生发送心碎表情失落之余，快克赶来关怀，女生发送心形，重新感动。表明快克的关心实际又速度，将"贴心关怀"的情感融入产品之中，将快克拟人化，创意新颖，符合年轻群体的接收喜好。

图 3-13
作品名称：《快克上门》
创意思想：最近网上的一个热门话题"女朋友感冒，什么才是最好的回答？"一个人生病需要的是关爱，只通过短信或者电话的形式是不够贴心的。只有当心爱的人拿着药上门，内心的感动与温暖，配合快克的药效，自然是药到病除。

　　《你幸福吗？》这组图片（见图3-14）以"你幸福吗"为主题，一幅图片以抽纸和卷纸卡通形象为中心，配文："幸福！自从主人用了快克后，我们的日子好过多了，身材也日益丰满起来。"表明快克治愈了主人的感冒，从此远离了纸巾。将抽纸和卷纸拟人化，用可爱的形象体现了快克给予用户关怀的理念。

　　另一幅图是两支温度计的独白："幸福！自从主人用了快克，就不用每天都置于水深火热之中了。"两个拟人化的温度计，微笑着，用发自内心的快乐感染人心。此图表明了快克使人远离温度计，不用再为生病而头痛。

　　还有一幅图是两个口罩的独白："幸福！自从主人用了快克后，每天都可以呼吸新鲜空气，太开心了！"表明快克让主人脱离了口罩，让感冒远离了他们。

　　这三个拟人化的卡通形象都被赋予了感情和情绪，十分生动，让大众记忆深刻，创意独特。

图 3-14
作品名称:《你幸福吗?》
创意思想:通过对患病后使用的物品进行拟人化手绘,通过社会性的采访强调他们的心情,以此体现快克的效果好。

《小快克,伴我快乐成长》这一铜奖作品(见图3-15),针对孩子们的联想和情感两方面入手。因为当人们提到生病时,孩子们往往会联想到苦涩难以下咽的药物,陌生的"白大褂",冰冷冰冷的医院走廊,甚至是痛苦的打针经历。而把小快克和各种童年时的能给我们带来愉快回忆的玩具陈列在一起,就能让孩子们在看到快克时,立刻联想到愉快的事物,在一定程度上打消了药物的负面形象,阻断了孩子们不好的场景联想,缓解了孩子们对小快克作为感冒药的抵触情绪。

铜奖作品《童趣》(见图3-16)借鉴了沙画的创意,沙画作为一种新颖的创意绘画方式,对吸引消费者的眼球有着比较大的助力。利用小快克包装中倾撒出的药粉作为创作原料,在药粉上用简单的线条画出直升机、小火车、小火箭等小朋友们喜爱的玩具。借此表达出在服用小快克感冒药之后"感冒快好,快乐回来"的内涵,说明快克感冒药能让感冒的你早日恢复快乐。

图 3-15
作品名称：《小快克，伴我快乐成长》
创意思想：把小快克与伴随小朋友们快乐成长的物品放在一起，表示小朋友们不会对小快克产生反感，同时小快克也是小朋友们成长过程中的必备品，从而表现出小快克和其他物品一样，会伴随每一位小朋友快乐健康地成长！

图 3-16
作品名称：《童趣》
创意思想：作者用沙画的形式画出来小朋友喜欢玩的玩具，如直升机、小火箭、小火车，体现出小朋友的童趣。同时也表现出小朋友在感冒的时候不能玩这些东西，体现出小快克的用药理念。

第三章　平面视觉创意方法及案例解析

铜奖作品《快克之感冒的五官》（见图3-17）从情感入手，以简单的纯色背景、些许短小的笔画就能四两拨千斤，赋予整体较多的内涵，旨在引起人们对感冒经历的共鸣。因为人们在感冒时，身体的虚弱都会体现在脸上。感冒了，作为心灵的窗户，眼睛就会不再有神，窗户便虚掩着。感冒了，鼻子拥堵难耐，只能用嘴巴呼吸。感冒了，当只能用嘴巴呼吸时，人们就会口干舌燥，成了呼吸气囊。这三幅图和它的广告语，都直接针对人们感冒时共有的特点，从而激发人们的心理共鸣，达成广告传播的目的。快克就是要让小朋友们告别这些让人不愉快的状况。

《一感冒，就快克》这组作品（见图3-18）借助卡通形式，三张图片分别放大了人们在感冒后不适症状所带来的面部表情，以此告知消费者感冒用快克迫在眉睫。这三幅作品首先塑造了三个不同的男性，并且把他们的表情绘制得诙谐搞笑，试图将品牌年轻化和亲民化。在绘制之前，做了一个小调查，大多数人感冒时都会"鼻塞""咳嗽""头疼"，所以我们用夸张的手法把这三种感觉具象化，并配以语气果断的文案，一感冒就立刻能想到用快克，从而让产品和品牌深入人心，达到宣传的目的。

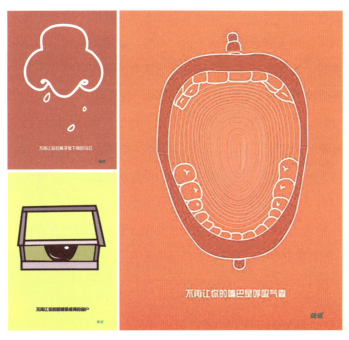

图 3-17
作品名称：《快克之感冒的五官》
创意思想：从感冒时五官的状态着手，眼睛困乏无力像虚掩的窗户，鼻子一直流鼻涕像下雨的乌云，呼吸不畅便把嘴巴当成呼吸气囊，生动、夸张地表现感冒症状，而这时，感冒的你只需要一盒快克。

图 3-18
作品名称：《一感冒，就快克》
创意思想：作品试图将品牌年轻化和亲民化。针对大多数人感冒的时候都会"鼻塞""咳嗽""头疼"，作者用夸张的手法把这三种感觉具象化，并配以语气果断的文案，一感冒就立刻能想到用快克。

　　银奖作品《小baby用小快克》（见图3-19）在两张真实的婴儿照片上进行了一定的艺术创作修改，用伪纪实的形式来直观地表现感冒时小朋友的痛苦程度。头疼，就用麻绳缚住额头嵌进皮肤来表达。鼻塞，就用一只大金毛堵在鼻子里、面部通红来表达，直观地让消费者联想到感冒时的痛苦以及对小朋友们的同情，也能借此传达出"用快克，刻不容缓！"的广告理念。

　　铜奖作品《小动物感冒了》（见图3-20）是三张儿童卡通贴图画，以小长颈鹿、小熊猫、小象这三个可爱的动物为主角。

　　铜奖作品《捣蛋孩子》（见图3-21）针对孩子们爱玩的天性，认为家长们会为了避免病菌而遏制孩子们爱玩的天性，但只要有了小快克，孩子们就可以尽情释放自己的天性，愉快成长。另外，不同的色彩代表着不同的创意表达，选择贴合品牌的颜色，在创意中非常重要，这三幅作品选取了丰富、鲜艳的色彩，贴近小朋友们喜爱的画风。

第三章　平面视觉创意方法及案例解析

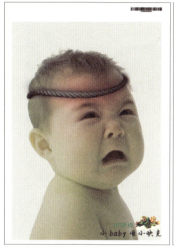

图 3-19
作品名称：《小 baby 用小快克》
创意思想：小孩子感冒通常会头疼、鼻塞，作者从这两点出发，提炼出"小 baby 用小快克"的核心诉求。

图 3-20
作品名称：《小动物感冒了》
创意思想：以小长颈鹿、小熊猫、小象这三个可爱的动物为主角，画出动物感冒时是怎样难受的可怜模样，其好处是可以轻易地让消费者产生共情，不论是大人还是小孩，都不会对这么可爱的动物无动于衷。漫画下方的广告语则借此事提醒消费者："鼻塞？我不害怕！我有小快克！"

47

图 3-21

作品名称:《捣蛋孩子》
创意思想:作品以调皮小孩为主角,描述了乱涂口红、乱穿衣服、乱踩水坑等一系列捣蛋的行为。众所周知,只有健康的孩子才有精神调皮捣蛋,小快克可以让患感冒的小朋友恢复捣蛋的天性。有了小快克,才能还你一个健健康康、精精神神的小皮孩子,以此凸显小快克快速治感冒的作用与疗效。

三、场景创意

场景在互联网上可以从网民5种典型的上网途径和从业构成来解析:家庭、办公场所、网吧、学校和公共场所。

换个角度,这些完全可以通过不同的广告创意传播来深入影响特定的受众群。网络广告离不开创意,把场景融入创意,使得创意不再是简单的形式美,融入网民群体的体验,创意也就成为一个次维度。新的创意思路、格调、表现手法才能达成体验、精准、深入影响方面的价值。

传播是要讲环境和氛围的,在不同的场景里传达相同的信息要素会产生截然不同的广告效果。所以,我们要在恰当的时间和地点传达恰当的信息给正确的受众。

突破场景化营销需要做的就是场景创意。创意,是一种高明的偏见。在消费者心理洞察的基础之上,进行场景的设置或创意,通过新鲜的场景将消费者带入营销所需要的心理状态。场景创意的重点是场景中的互动设置,通过互动才能让消费者真正进入该场景当中,并给予消费者及时的心理反馈,才能更有效地对消费者的心理进行刺激。

场景化营销的细节完善好比画龙点睛,场景化营销的创新突破就像是脱胎换骨。

突破原有场景的现实内涵,巧妙地将其他场景融入其中,打造一个全新的场景,给受众新鲜感,吸引受众目光。这种场景化营销应用在公益广告方面,屡试不爽。就连普通的街道也可以玩出不同的新花样,如人行横道上摆上一张大大的树干海报,人们踩上绿色的颜料,通过路口时,便在树枝上留下了绿色的脚印,将光秃秃的树干,"踩"成绿色盎然的参天大树,以此来呼吁人们低碳环保,绿色出行。世界自然基金会(WWF)换了另一种玩法,将街道变为餐厅,以大地为灶台烹饪食物,把"地面温度"和"煎锅温度"联系起来。不少路人围观试吃,甚至亲自动手体验,直接感知全球变暖这一平时不易察觉到的问题。

《"战斗"储备》这组作品(见图 2-1)在现实场景中进行了创意增添,第一幅图是一名男生全身背着厚厚的卷纸,配文是:"这是一场持久战,我又要赶紧储备了,感冒了,纸巾用不停,马上用快克吧!"这个现实场景的创景运用夸张的手法,展现了该男生畏惧感冒的到来,准备了极多的纸巾。幽默风趣之中又展现了快克的必备性。

第二幅图是女生背了一身的口罩,"感冒了,口罩换得勤",夸张的口罩数量显示着病情的严重性,反面表明了快克的药效之快。

第三幅图棉被配文:"感冒了,棉被薄的慌",病恹恹的神态,表明了病情之重。

《感冒,说走就走》这组平面作品(见图 3-22)的场景简单、直观地展现了感冒之重,富有创意,直观地表现了品牌特性。

作品在地铁内设置广告牌,标有广告语:"感冒,说走就走!"迎和了地铁快速行驶的特点。在地铁站投放广告,传播广泛,增加了品牌的知名度和关注度。

图 3-22
作品名称：《感冒，说走就走！》
创意思想：作品抓住了快克感冒药治疗感冒的"快"。运用时间相对论来形容快。快与慢是相对而言的，作品正是抓住了消费者的心理情感，等车慢，车来了，走得快的心理情感，表达快克感冒药，治疗感冒快。从而引起消费者的心理共鸣。

《速效药，快克药》这组作品（见图3-23）选择了虚拟场景，虚拟场景的现实化回归，虚拟事物的本源是现实，虚拟场景的建造也是基于现实场景的。第一幅图中的卡通飞机运行着，以黄色和绿色为底色，这两种颜色为快克的标志色。飞机的快速运行暗含了快克的药效快。

第二幅图中的猎豹同样以黄色和绿色为底色，用猎豹的奔跑速度类比快克的疗效，这个虚拟场景富有想象，品牌特性深入人心。

图 3-23
作品名称：《速效药，快克药》
创意思想：快克治感冒不仅药效快而且精准。飞机和猎豹都是现实生活中速度快的代表，体现快克药、速效药的特性。飞机不仅具有速度快的特性，而且具有科技性和精准性。猎豹不仅具有速度快的特性，而且具有威猛的特性。把飞机和猎豹的形体与快克经典的黄色和绿色相结合，充分体现出快克的这一系列特点。

《快克旅行篇》这组作品（见图3-24）的场景具有想象力，把现实与虚拟结合在一起。第一幅图将旅行箱转化成了快克胶囊，代表快克在旅途中是必备品，是旅途健康的保障。

第二幅图中女孩的手提包变成了快克胶囊，表明快克是包中必备之物，体现了快克的重要性。

第三幅图是登山场景，背包是快克胶囊，表明登山之中也不可缺少快克。

这三组场景贴近生活、符合实际，能提升吸引用户的关注度。

图3-24
作品名称：《快克旅行篇》
创意思想：以旅行中必备的用具为原型，融入快克元素。

《多一份》这组创意作品（见图3-25）在现实场景的基础上与快克包装进行类比。

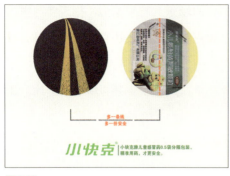
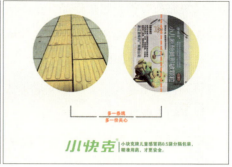

图 3-25
作品名称：《多一份》
创意思想：在现实场景的基础上与快克包装进行类比，马路上的双黄线和盲人过道都是为了保障大家的安全，这与快克"安全用药，精准用药"的理念吻合。

金奖作品《风大都不怕》（见图 3-26）的两个场景中，作者借用悬挂着的风铃和晴天娃娃被风吹的场景来表现小快克的作用。被风吹时，风铃摇曳弹响不定，晴天娃娃摆动幅度越来越大，一副哭泣的表情。快克在此场景中体现了它作为感冒药的作用，有了它在，风铃安稳不动，有了它在，晴天娃娃获得了安稳，静静地笑着。相比之下，有了快克，我们就能不怕风雨、不怕感冒。这两幅画面和它的广告语"风大都不怕，因为小快克"清楚、明确地体现了快克的作用。

图 3-26
作品名称：《风大都不怕》
创意思想：大多因为风大而感冒，风大让人想起风铃，风一大，风铃就一直响，形如人感冒后站也站不稳。小快克让风铃不再振动，形容感冒好了。晴天娃娃也是这个道理。

银奖作品《"粒"即停止》（见图 3-27）由三幅图组成，这三幅图将人们感冒生病时的三种状态具象化为三个形象，分别描述了在冷、热、湿这三种不同的状态下小快克的药效。热时，小快克就成了带来凉风的"电风扇"，一秒内就达到了快速降温的目的。冷时，它又化身为吹着热风的"电吹风"，不仅带来温暖，还能一并吹走湿气。湿时，小快克就成了"烘干机"，仅仅一秒就让你褪去湿气。作者就是借此直观地表现出小快克的作用所在。

图 3-27

作品名称：《"粒"即停止》
创意思想：如今生活追求"快"节奏，冬天很冷，衣服太厚就干得很慢；洗完头发后很湿、很冷，干得也很慢；夏天很热，汗就会流个不停。这时，洗衣机、吹风机、电风扇就能很快地解决这三个问题。把洗衣机、吹风机、电风扇中的某个部分替换为快克的黄色和绿色，体现了快克速效药的特性，也充分体现了快克感冒药治疗感冒"快"的效果，同时也能很快地引起消费者的注意。

《有快克，超快乐》这幅作品（见图 3-28）用了拼贴画的漫画形式，首先从大致的轮廓上看，分别是两个不同人物的剪影形象，但从具体的内容上看，这两幅作品从上至下用 4 个不同的场景，表现出一个人感冒后和吃完快克康复后，两种有着强烈对比的状态，分别描绘出人们感冒时的难受场景和使用快克之后的健康场景，中间过渡流畅。头顶的广告语"有快克，超快乐"，说明使用快克之后，迅速摆脱感冒，更快地投入工作和享乐当中。简言之，第一幅作品通过手绘，汇集生活、工作、娱乐等多重元素，组合成大脑的形状，创意风格张扬、有趣，为快克注入了更多的能量。第二幅作品将感冒告白场景通过手绘卡通趣味化呈现，激发受众强烈的品牌联想，一招制胜。该作品的画面采用鲜明的色彩呈现出阳光、健康的感觉。

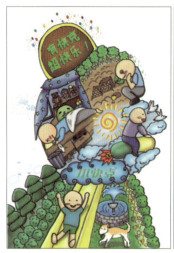

图 3-28
作品名称：《有快克，超快乐》
创意思想：作品分别用 4 个不同的场景，表现出一个人感冒后和吃完快克康复后两种有着强烈对比的状态，主题"有快克，超快乐"的意思是：吃了快克，迅速摆脱感冒，重新找回快乐。画面用鲜明的色彩呈现出阳光、健康的感觉。

金奖作品《关键时刻，快克帮你》（见图 3-29）同样采用了较为传统的漫画形式，描绘出了学生在教室中被病菌妨碍学习、百姓被病菌偷盗健康和运动员被病菌妨碍比赛这三个截然不同的场景，快克所代表的教师、官员和运动员对病菌进行了严厉的处理，最终还所有人一个安全、清净的空间。这种以夸张的手法来表达快克药效的方式，能让消费者印象更加深刻。

金奖作品《快克，让病菌也束手无策》（见图 3-30）不仅赋予病菌以拟人化的形象角色，还针对病菌的角色描绘了两个场景，借助卡通形象进一步增加产品的亲和力和童趣。

第三章 平面视觉创意方法及案例解析

图 3-29
作品名称：《关键时刻，快克帮你》
创意思想：在大学校园里，我们会在考场上书写风采，也会在绿茵场上拼搏竞技；或在古代，妈妈悉心照料着自己的宝宝。感冒突然来袭，你能怎么办？没关系，因为关键时刻，快克一定能帮到你。作者把病毒拟人化后，假借课堂教师、体育教练以及衙门官员将其"拿下"，说明快克一"出手"就能解决感冒问题。

图 3-30
作品名称：《快克，让病菌也束手无策》
创意思想：赋予病菌以拟人化的形象，以病菌的角度侧面突出快克的药效，借助卡通形象进一步增加产品的亲和力和童趣。教学篇是一位病菌界的老师告诫学生们要当心快克；实验篇是一位科学家在拼命制造可以对抗快克的武器……通过它们狰狞的面孔表现出"快克，让病菌束手无策！"的创意。

四、社会化创意

社会化创意是互联网时代品牌营销的前端性课题，它以高参与性、高互动性、高黏性的用户特征，揭示了一个立体化、多维度的营销领域，并预示着品牌新传播的未来。

随着信息技术的快速发展，社会化媒体，如微博、微信等对公众的影响越来越大，在各个领域中都有所体现。伴随着社会化媒体的快速发展，人们可以获得海量的信息，而且能够实现大范围的即时传播，这就使得各产品品牌和消费者之间的距离被极大地拉近，消费者能够获得的信息越来越多，企业更加透明。对比传统的营销方法，社会创意在表达方式上更加富有创意、更加多样化。社会化创意是能和受众形成关联和互动的创意（UGC），创意渗透到社会的每一个角落，渗透、参与社会活动并塑造社会。借助网络技术，用户可以更加容易地实现交互，在整个过程中，用户不再是单纯的信息浏览者，同时还是信息的创造者。

品牌的传播不再是单一的媒介传播，以往的品牌传播是从企业到企业（B2B），后来是从企业（甲方）到企业（乙方）再到消费者（B2B2C），而现在是消费者与消费者之间的传播（C2C）。过去的传播是占领央视、占领全国的媒体，但是现在的情况是即使占领了央视和全国媒体，但占领不了用户的朋友圈，没有用户的关注，依然做不到有效的传播。

公众号内容的传播是由粉丝自发分享到朋友圈传播的，在偶尔一次和潜在粉丝的相遇中帮你说服他的朋友去关注你，实现转化。

社会化创意最重要的就是洞察。

《不要让感冒成为我们的距离》这组创意作品（见图3-31）通过简单的场景展现了社会之中人与人因为疾病而互相疏远的现象。为了解决感冒病毒传播的困境，"不要让感冒成为我们的距离"，表明快克可以立刻治愈感冒，解决人们之间的距离问题。这是个社会现实，通过白色背景、绿色字体，简单地反映出现存的社会现象。这种社会化传播案例更容易让大众产生情感共鸣，从而获得大众的好感。

银奖作品《有快克，速治感冒》（见图3-32）不仅利用了感冒这一词语的另一个延伸义："对事物的敏感在意。"还结合了当今社会中年轻人所关注的一些主流话题，说明虽然大家对那么多的事情感冒，但只要有快克，就不怕

第三章 平面视觉创意方法及案例解析

真感冒。与此同时，当代年轻人越来越离不开微博、微信，原因很简单，因为周围人都在用，而大家已经习惯了网络上的问候，相比电话联系，网络社区更容易交流，不会因为一时语塞而感到尴尬，这正是如今许多年轻人所追求的交流方式。因此，目标受众对网络的依赖逐渐形成了一个新的营销方式——网络社区营销。九宫格图片的形式也易于发朋友圈和微博进行传播，是绝佳的传播素材。

图 3-31
作品名称：《不要让感冒成为我们的距离》
创意思想：拍全家福的时候，大家开心地聚在一起，可是有一个人戴着口罩和大家离得比较远，原来是他感冒了，大家害怕传染。夫妻各自坐在沙发的一角，原来是因为丈夫感冒了。这则作品主要是让大家重视感冒问题，不要轻易染上病菌。

图 3-32
作品名称：《有快克，速治感冒》
创意思想：通过"感冒"的词义联想到当前的热门网络词。前面 6 张漫画海报，我们都很"感冒"，但是到了快克，立马就变了，通过一杯水和 8 个小时，一点也不感冒了，体现出了有快克速治感冒的疗效。

57

五、节日营销创意

节日营销，顾名思义，就是以节日为契机进行的系列延展营销活动，它有别于常规性营销的特殊活动，它往往呈现出集中性、突发性、反常性和规模性的特点。

从古至今，每逢节日，都会引起社会全员的参与和关注。如今，节日已经成为商家必争之日。

节日营销猛于虎，每到节日，各种营销活动铺天盖地，每个品牌都想从中分一杯羹。那么，企业怎么才能打赢节日营销战呢？

1. 建立节日契合点

举办一次成功的节日营销活动，首先要建立品牌与节日的契合点，通过我们的产品或者服务，为客户营造良好的节日体验，从而收获口碑和销量。

2. 制造差异化

所谓创意，即创出新意。在产品同质化如此严重的今天，谁能制造出差异、制造出不同，谁就能吸引到关注，在节日营销中脱颖而出，提升品牌影响力。

3. 深入挖掘，建立情感

如今，物质需求基本被满足，情感需求则成为基本追求。人们在消费的过程中，带有感性色彩的消费日渐浓厚，品牌一旦找好与消费者产生共鸣的"节日情感"点，就能激发用户对品牌的认可度。

4. 确定营销目标

任何营销活动，制定目标是第一位的，节日营销也不例外。

（1）营销目标一定是跟企业的营销战略相关的，对于节庆营销而言，要看通过节庆活动是为了进行品牌推广、口碑，还是仅仅为了短期的销量，当然，销量也是活动重要的一环。

（2）通过活动的开展，了解目标消费者的生活主张、习惯，为品牌的宣传和塑造提供依据。例如，为户外广告、电视广告等媒体宣传提供某些参考。

（3）借助节日消费集中的特点，推出新产品，能够快速接触到消费者，起到快速入市的作用。

所以，要制定一个明确的营销目标，如销量、销售额、目标消费者到达人数、参与度等。

5. 选择营销主题

很多营销活动，成了经销商"黑色收入"的温床。消费者活动，最后落入看节目、做游戏就"闪人"的"潜规则"。活动结束，消费者走后连品牌是什么都没有记住。最大的问题出在什么地方呢？不是活动不精彩、不热烈，而是活动的主题不清晰、不能打动人。主题是需要"策划"的，策划是需要"创意"的。主题确定需要跟品牌和产品相结合，也要跟目标群体的身份和特征相适应。所以，在确定主题时不妨从选定目标消费者开始。例如，可以在某一个"圈子"或者针对某一"爱好"选择消费者，在活动时嵌入这样的主题，以引起共鸣。

例如，针对家庭购买为对象的活动，可以以儿童为对象设计，并将其统一到国庆、中秋等大主题下面。

6. 构建行动方案

总的原则是不断地有小亮点、小高潮，不能"一路平淡"，流程和规范是非常重要的，但一定要紧扣活动主题，切不可本末倒置。因为营销活动不是慈善晚宴，要讲究回报。营销活动要有价值的体现，一是目标消费者获得了价值。二是厂商获得了价值的增值。

严格按照既定的流程进行，保证营销活动的效果和影响，主要包含以下几个项目。方案的制定，包括内容、形式、载体，如果是卖场内部的展示，就要突出生动化和趣味性，如果是卖场外的活动，互动性一定要高，以提高消费者参与的积极性。组织保障上，要成立专门的推广小组，一来可以做到活动执行的准确、及时。二来可以在资源保障上提供强大的支持。

总而言之，人们对节日的期待，已经演变成为一种情结，不需要怎么烘托，庆祝的氛围就有了。这个时候，品牌在挖掘产品卖点的基础上，通过与节日特点结合，深刻理解自身产品特性和目标人群需求，与受众达成情感共鸣，传递品牌价值观，以此赢得用户的口碑和信任，往往能取得不错的效果。

铜奖作品《感冒还告白？OUT啦！用快克，爱意成倍现》（见图3-33）的三幅作品分别从老年、中年、青年三个角度出发，利用了当今的七夕节和情人节等一众与爱情有关的节日活动来进行营销。

图 3-33
作品名称：《感冒还告白？OUT啦！用快克，爱意成倍现》
创意思想：年轻人在恋爱时总有这样的经历，在你将要告白的那段时间，你总要磨蹭等待，总在害怕自己发烧感冒什么的，不能通畅无阻地吐露心声。年轻人都喜欢有准备的宴会，所以不管你有没有感冒，备着快克总没错，万一哪天你真的要告白呢？

铜奖作品《快克·中国传统节日海报》（见图3-34）由三幅图组成，中秋节、春节以及端午节这三个节日都是我们国家重要的传统节日，这三幅漫画作品以可爱的Q版漫画为基础，塑造了"快克"这一形象在中秋节奔月、在春节舞狮、在端午节赛龙舟的场景。在表达了对节日美好祝愿的同时，将广告产品或品牌赋予人的动作风格以及感情色彩，使得作品更加生动可爱，也表达了快克药效的好，增强了消费者对快克的好感。

图 3-34
作品名称:《快克·中国传统节日海报》
创意思想:这组作品以漫画的形式表现,围绕"健康、活力、阳光、快乐"的品牌调性,分别创作了"春节、端午节、中秋节"系列平面广告。画面扎根中国传统文化,将中国人代代相传的生活智慧进行梳理、整合,构筑岁时节庆、节气风物、生活智慧等喜庆氛围。

六、人格化创意

用罗振宇的话来表达当下品牌人格化的热潮:"互联网时代,特别是移动互联网时代,品牌是基于人格魅力带来的信任与爱!是品牌的去组织化和人格化!"

品牌人格化意味着品牌要具有人的情感,与受众进行真实的互动。品牌人格化的第一步也是最重要的一步就是品牌定位。怎样的品牌就决定了品牌的"人格",快消品和奢侈品的"人格"截然不同。

既然是品牌人格化,就得坚持已经设定好的人设,不能随意变化"人格"。品牌应该延续定位,深耕本领域,不断丰富品牌内涵。

那么,品牌人格化到底要怎么做呢?

第一步,找准品牌的价值观和定位。

第二步,调查消费者的人格。

第三步,了解竞争对手的形象。

第四步，找到品牌的性别。

第五步，选择品牌原型。

第六步，找准品牌角色的定位。

第七步，选定品牌的性格。

第八步，构建内容体系。

第一步最为重要，解决任何问题都需要从最根本的问题出发，品牌的价值观和定位的重要性不言而喻，它们是企业的根、是产品的魂。如果连品牌的价值观和定位都没想清楚，其他的都不需要去想了。

《小快克剂量尺》（见图3-35）设计的卡通大象极具童趣，我们在创意设计时，要充分考虑目标消费人群的喜好，按照他们的喜好去做创意，才能达到更好的传播效果。

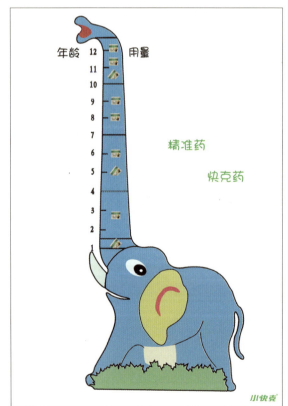

图3-35
作品名称：《小快克剂量尺》
创意思想：因为小快克的核心理念为"精准用药"，所以作品以年龄和用量为坐标，简明清晰地告知用户产品的特性。运用卡通形象，充满人情味的设计更能吸引儿童的关注。

《小快克出动》这组创意作品（见图 3-36）通过自绘的方法，绘制了极具动画效果的创意平面作品。第一幅图是母亲也是医生，通过小快克的用量标注，自行给孩子用药。第二幅图将感冒病菌拟人化，生动地表现了病菌遇到小快克时的惊恐神态。这些极具人格化的创作富有艺术性，每一个病菌都有台词，充分表现了小快克药效的迅速。这些卡通形象吸引了大众的视线，牢牢抓住了目标消费人群的特性。充满温度和童趣的作品是人格化创意的体现。

图 3-36
作品名称：《小快克出动》
创意思想：作者运用了插画的形式，当一个小朋友患有感冒时，小快克医生和妈妈考虑到小朋友的年龄和体重，得出小朋友需要小快克 0.5 包的剂量的画面。我构思了一辆小快克车，它能根据小朋友的实际需要让小快克颗粒上车的。0.5 包的单位用量表现出小快克用药精确、可测算的特性。

七、文化创意

文化创意是以文化为元素、融合多元文化、整理相关学科、利用不同载体而构建的再造与创新的文化现象。文化创意产业是指依靠创意人的智慧、技能和天赋，借助于高科技对文化资源进行创造与提升，通过知识产权的开发和运用，产生出高附加值的产品，具有创造财富和就业潜力的产业。

我国对文化创意产业的形态和业态进行了界定，明确提出了国家发展文化创意产业的主要任务，标志着国家已经将文化创意产业放在文化创新的高度进行了整体布局。

文化创意最核心的东西就是"创造力"。也就是说,文化创意的核心其实就在于人的创造力以及最大限度地发挥人的创造力。"创意"是产生新事物的能力,这些创意必须是独特的、原创的以及有意义的。

《小差异,大不同》(见图 3-37)运用三种不同的知识。一幅图是英语单词的比较,两个单词因为一个符号,意义就截然不同。另一幅图是汉字的微妙差异,因为一点,就是不同的两个词语。还有一幅图是数学次方的知识,0.99 和 1 只差 0.01,同次方运算却相差甚远。这些都体现了小快克精准用药的理念,按照说明丝毫不差地用药,否则将会出现差错。作者将这些常见的知识运用到创意之中,十分新颖。

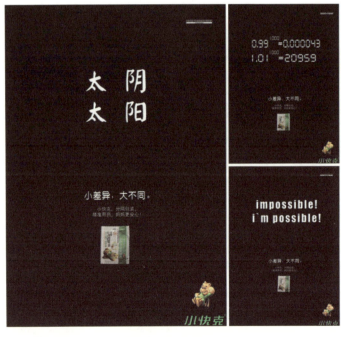

图 3-37
作品名称:《小差异,大不同》
创意思想:以两组相差甚微的数字、英文和汉字传达迥然不同的含义,提醒人们注意:即使是十分微小的差异,也能导致巨大的不同,从而使受众意识到精准用药的重要性。

《求拼药》(见图 3-38)通过文字信息"求拼药"向大众传递了快克是这位学生日常备药的场景,体现了快克不止在儿童药品市场有一定的地位,也体现了快克在成人感冒药品市场上也占据一定的份额。

第三章　平面视觉创意方法及案例解析

图 3-38
作品名称：《求拼药》
创意思想：纯文字信息的创意适应年轻目标群众的特性，简单的元素就可体现产品的优势。

《快》这一作品（见图 3-39）运用了化学知识的创意，将原有的化学原理转化成用药精确的特点，富有创新力。

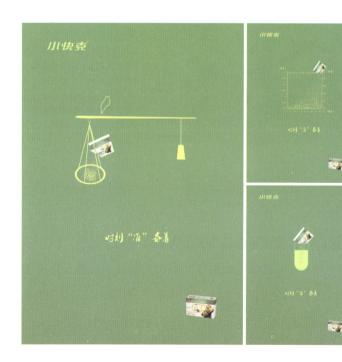

图 3-39
作品名称：《快》
创意思想：利用快克胶囊药丸里的黄色药粒，重复排列，组成坐标轴、量筒、天平这三种精确性很强的化学用具用来测量小快克的用药，体现了小快克"精准用药"的理念。

65

《剪刀篇》（见图3-40）诙谐有趣，细细观察就会发现作者运用了提线木偶的表现手法，将其运用到创意之中，十分巧妙。"救救我"体现了三类感冒人群深受病魔的困扰，一剪刀剪下去，就变成了精神焕发的学生，体现了快克迅速治愈的特点。将提线木偶这一文化艺术进行改编和创新，以生动的卡通形象吸引儿童，妙趣横生。

图 3-40
作品名称：《剪刀篇》
创意思想：每次感冒，总感觉自己就像被感冒病毒操控的提线木偶，囧态百出。绿色安全、健康速效的快克就像一把救人于危难的剪刀，把控制线剪断，让病人得以解脱。

银奖作品《快克之红楼梦篇》（见图3-41）是一个非常独到的创意作品，作者从消费者们都非常熟悉的《红楼梦》中汲取灵感。宝黛二人之间的爱情悲剧让无数人为之扼腕叹息，作者们正是对林黛玉的疾病进行拓展延伸、消解重构，"如果那时有快克……"言外之意，如果那时有快克的话，林黛玉便不会因病而死，宝黛二人之间也不会以悲剧收尾，这一借用了《红楼梦》的广告充满了快克品牌对自己"药到病除"的自信，突出体现了快克的药效。

第三章　平面视觉创意方法及案例解析

图 3-41
作品名称：《快克之红楼梦篇》
创意思想：在海报的创意主题中，我们将快克感冒药置身于一个与众不同的环境中，假设在创作《红楼梦》。

不同的色彩代表着不同的创意表达。选择符合品牌的颜色，在创意中非常重要，甚至可以说是制胜的法宝。

铜奖作品《速"战"速决》（见图 3-42）将快克胶囊的形象和李小龙的经典武术动作剪影相结合，而这诸多的"李小龙"，成为胶囊的一分子，成为胶囊的药效，用李小龙的功夫之高，体现出快克的药效之强，让更多的消费人群对品牌产生强烈的认同与共鸣，真正实现提升目标消费人群对品牌忠诚度的目的。

金奖作品《"快"意恩仇，"克"不容缓》（见图 3-43）同图 3-42 中的李小龙的形象类似，但又有超越之处，画面整体幽默风趣、形象生动，很好地传递了快享生活、有快克、超快感的主题。

图 3-42
作品名称:《速"战"速决》
创意思想：阳刚、速度快是快克的特点。"功夫之王"李小龙也是以阳刚、快速、一招克敌的功夫风靡世界。作者选取李小龙的功夫剪影组合成快克胶囊的形状，来体现快克的性能和疗效。

图 3-43
作品名称：《"快"意恩仇，"克"不容缓》
创意思想：作品不仅对快克进行了拟人化的处理，既生动可爱又活力阳光，非常具有感染力，塑造了李小龙、拳王和叶问三个快克形象，广告语则体现了快克的功夫之高、药效之强、速度之快，面对感冒就是要"快"意恩仇，"克"不容缓。

银奖作品《快克急速通道》（见图 3-44）以三幅精细的素描画来呈现，黑白线条描绘了大城市的交通复杂，而在这之中，唯一畅通的是用快克经典配色描绘的道路，表明了快克感冒药是道路时刻通畅的特效药，同时也采用了黑白与彩色之间的反差，让人一眼就能看出快克的特点——"快克绿色通道，快的不只一点点"，突出了快克的快。

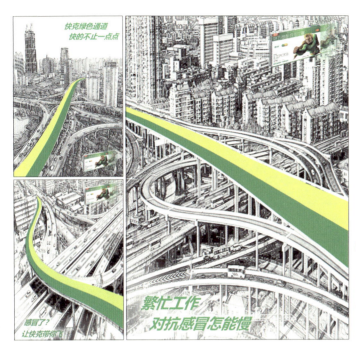

图 3-44
作品名称：《快克极速通道》
创意思想：用流畅渐变的高速路比喻快克的疗效，高速路采用了快克胶囊的绿色和黄色，比喻快克的产品是效果最快、最好的。

铜奖作品《快乐青春，快克无忧》（见图 3-45）将我们的中文汉字作为创作素材来源，以春、夏、秋、冬这 4 个字为主干，并以四季相衬的颜色作为背景，同时用四季中经典的意象作为填充表达，春天的踏青、夏天的游水、秋天的风筝、冬天的雪山，最后还在每一幅图里加入了快克的胶囊形象作为点缀。更为细节的是，春、夏只用了一粒，而秋、冬这两个容易感冒的季节就用了两粒。体现了快克作为家庭常备药，无处不在、四季皆宜的特性。

铜奖作品《童年挚爱，快乐（ke）成长》（见图 3-46）形似小学语文课本的插页。两幅图都分为上部分漫画、下部分小诗，漫画分别描绘了古时候儿童放风筝、玩风车的场景，风筝和风车是利用小快克的商标图案构成的，而小诗所写的内容里，也将快乐的童年和小快克联系在了一起，上下古今形成了较大的反差，说明了儿童健康、快乐的成长离不开小快克。

图 3-45

作品名称:《快乐青春,快克无忧》

创意思想:春天时,去爬山,去踏青;夏天时,去戏水,去冲浪;秋天时,去郊游,放风筝;冬天时,去滑冰,打雪仗。这些都是容易引发感冒的活动,但是有快克在,无需担心会因感冒而扫兴。

图 3-46

作品名称:《童年挚爱,快乐(ke)成长》

创意思想:风筝和风车都是小时候最爱玩的,也是最累的。每次约上三五个小伙伴,在田埂上奔跑,风筝和风车就会在风中飞起和转动,无拘无束,而这一切只因有小快克的守护和陪伴,才让我们拥有一个自由的童年,快快乐乐地成长。

银奖作品《快克青春系列》(见图 3-47)首先塑造了三个不同的角色,并且把他们的表情绘制得诙谐搞笑,试图将品牌年轻化、亲民化。在绘制之前,作者做了一个小调查,大多数人感冒时都会有"打喷嚏""头痛""流鼻涕"等症状,所以作者采用夸张的手法把这三种感觉具象化,一感冒就立刻能想到用快克,从而让产品和品牌深入人心,达到宣传的目的。

作品主要针对当前的青年消费者打造,借此放大了感冒所带来的不适感,体现出在"感冒"这个大敌当前时,快用快克,刻不容缓。

第三章 平面视觉创意方法及案例解析

图 3-47
作品名称:《快克青春系列》
创意思想:青春时期的我们敢于冒险,期待邂逅自己的爱情。但试想我们冒险时突然打了个喷嚏,相遇爱情时在喜欢的人面前突然冒出一个鼻涕泡,想要热血奋斗时却头痛脑热,怎么还能快乐?有了快克,这些感冒症状都会帮你去除。

铜奖作品《快克,做回超级英雄》(见图 3-48)结合超人、蝙蝠侠和钢铁侠等当时极其火热的超级英雄形象。这三个超级英雄都有着常人所不能及的超能力,照理来说应该不会受到感冒困扰,但此时,他们的鼻子上却都挂着鼻涕,这种超乎常理的表达彰显了病毒的强大,而能够消灭病菌的快克,则无疑称得上是更为强大的超级英雄。作者们正是借助这种表达来彰显快克的药效,说明快克连超级英雄的感冒都能轻松治愈,让他们"做回超级英雄。"

银奖作品《关键时刻,快克帮你》(见图 3-49)由三幅图构成一组,通过穿越场景、改变诗词等,突破现代局限,借古扬今,使得产品或品牌创意更加丰富、多元。作品穿越到皇宫中,皇帝、嫔妃感冒也要用快克,场景化的创意表达为作品加分,使得作品更加趣味、生动、鲜活、有力。

铜奖作品《oh!no》(见图 3-50)用简单的漫画形式表达。

铜奖作品《让你"崽"快快乐乐》(见图 3-51)由两张漫画组成,作品改变了产品常规的表现形式和思维方式,获得了一种全新的视觉体验,形成了新的品牌冲击,让快克脱离了药物的概念。作品从快乐入手,用了快克之后,身

71

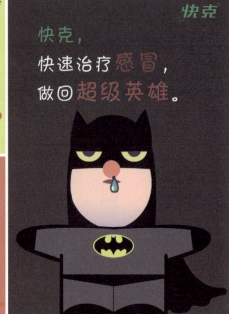

图 3-48
作品名称:《快克,做回超级英雄》
创意思想:超级英雄也忍受不了感冒所带来的难受,用快克,快速治疗感冒,让超级英雄们摆脱感冒带来的困扰,做回超级英雄。

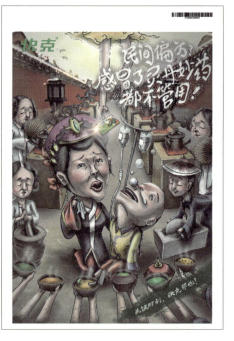

图 3-49
作品名称:《关键时刻,快克帮你》
创意思想:采用古风插画作为表现形式。在感冒时吃什么都没胃口、什么药都治不好、没有人关心你,感到痛苦难堪的关键时刻,只要使用快克感冒药,就如同看见了曙光,获得了莫大的拯救。

第三章　平面视觉创意方法及案例解析

图 3-50
作品名称：《oh！no》
创意思想：感冒时鼻子就像是拧也拧不开、关也关不紧的水龙头，只能一点一点地流出来，让人难以忍受，而左下角的快克商标正静静地提醒着消费者们，快用快克，鼻子就能畅通无阻。

强体壮、热爱劳动；用了快克之后，性格开朗、热爱歌唱。快克让孩子们远离疾病困扰，孩子们就可以安安心心、健康快乐地成长，德智体美劳多方面一起发展，体现了快克真正能让你远离疾病、得到快乐的特点。

图 3-51
作品名称：《让你"崽"快乐乐》
创意思想：作品想表达小朋友成长期间，所看、所闻以及对新事物的认识，可通过模仿表达出来。但在他们学习的过程中容易感染到细菌，从而导致感冒等不良症状。有了快克，就可以快快乐乐地学习、健健康康地成长。

《重温经典》（见图 3-52）从中国的传统文化入手，选取了中国古代神话中的知名典故——天王盖地虎、宝塔镇河妖以及哪吒闹深海，三个故事，反映了快克想表达的为民除害的精神。同时，这种区别于主流的漫画设计风格，更为精细，也更凸显创意者的风格和品牌的个性，从而在众多的设计中脱颖而出。在创意表现当中，这种传统文化元素的借鉴也会使整个作品更加具有空间的层次感和立体的表现感，更进一步加深了快克品牌的文化底蕴，从更高的层次赋予品牌以认同感，也让人们对快克品牌的认可度和理解层次进一步提升。

图 3-52
作品名称：《重温经典》
创意思想：根据企业所需，以不同的表现技法突出企业所需，天王盖地虎、宝塔镇河妖和哪吒闹深海突出快克的快和精准，赋予品牌年轻化的内涵。有趣的故事内容更加可以丰富画面内容和看点。

银奖作品《home》（见图 3-53）由三张图组成，这三张图结合了中国传统二十四节气文化中比较容易受感冒困扰的三个节气——大雪、立秋以及雨水。作者从轻松御寒、享受美好等角度，在传达快克功能的同时，赋予品牌更多传统的温度与底蕴，增加消费者对品牌的好感度。众所周知，在创意表现的手法里，对传统文化进行一定的元素借鉴会使得整个创意作品更加具有空间的层次感和立体的表现感，使得作品更具有观赏性。

图 3-53
作品名称:《home》
创意思想:将快克胶囊与房子结合在一起,暗示快克胶囊能在换季时提供家一样的温暖。画面里通过雨水、雪、落叶来表现三个时节:雨水、大雪、立秋,而胶囊房子里的人却能在换季容易感冒生病期间各种"嗨"。

银奖作品《古诗三百》(见图 3-54)一定程度上综合了漫画与传统文化的形式,采用手绘的方式,突出感冒中的人物形象,以引起大家的共鸣。

铜奖作品《告别不开心》(见图 3-55)以简单的纯色背景、些许短小的笔画,再加上一些简单的果蔬图案,四两拨千斤,赋予整体更多的内涵,小朋友在生病时,本来就是不舒服的,去医院看到"白大褂"内心又多了些恐惧,这种情况下吃药就难上加难了。另外,小孩子在哭泣时,往往是通红通红的"番茄鼻",止不住眼泪的"洋葱眼",嘴角向下使劲儿撇的"香蕉嘴",憨态百出。小快克就是要帮助小朋友们告别这些不开心的表情,要让孩子们在快乐中健康成长。

铜奖作品《感冒快克,速速见效》(见图 3-56)采用了参赛作品中比较少见的彩铅画的风格,改变产品常规的表现形式,从而获得一种与众不同的视觉体验,形成新的视觉冲击。将感冒这个看不见、摸不着的东西描画成水龙头和气球,将快克胶囊变成了水龙头的开关和气球的锥子,巧妙地点出快克可靠的药效,体现出快克感冒药的效果又快又好的特性,值得信赖。

图 3-54
作品名称：《古诗三百》
创意思想：结合了漫画与传统文化的表现形式。如果我们感冒时又很不巧地处于某重要场合时，那场面会如何就都可想而知了。作者采用手绘的方法，突出感冒中的人物形象，以引起大家的共鸣。文案方面，找出三句和感冒时的症状可以发生联想的古诗句，下半句根据场景进行了再造。加深大家对感冒时出糗很糗的认同感。所以，感冒时，更要快用快克。

图 3-55
作品名称：《告别不开心》
创意思想：小朋友们生病时很不舒服，去医院看到"白大褂"更是不开心，更别提吃药了。小朋友们哭的时候"番茄鼻""洋葱眼""香蕉嘴"应运而生，小快克就是要帮助小朋友们告别这些不开心，在快乐中健康成长。

第三章　平面视觉创意方法及案例解析

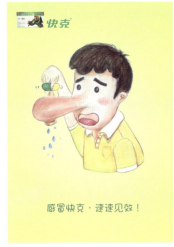
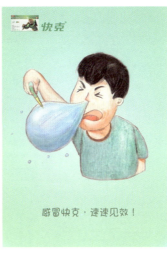

图 3-56
作品名称：《感冒快克，速速见效》
创意思想：基于感冒经常出现的症状进行创作，与平时常见的物品与快克感冒药胶囊进行合并，体现出快克感冒药的效果又快又好的特性，值得信赖。

《无忧天气》（见图 3-57）的创新表现中，传统文化元素的借鉴使得该作品更加具有空间的层次感和立体的表现感，加强了品牌的文化底蕴，从更高的层次激发读者的品牌认同感。在这两幅图当中，结合中国传统二十四节气中的两个重要的节气——秋分和冬至。在秋分时，有了快克，秋季温差再大也不用害怕感冒；在冬至时，有了快克，风雪再大、气温再低也不用害怕冻感冒。这样，就分别从轻松御寒、享受美好等角度，在传达快克功能的同时，赋予品牌更多传统的温度与底蕴。

图 3-57
作品名称：《无忧节气》
创意思想：秋分有了快克，秋季温差大也不怕感冒。冬至有了快克，冬天气温再低也不怕感冒。

77

第四章
影视广告创意方法及案例解析

导 语

　　影视广告虽然只有短短的 15s、30s，相比现在流行的抖音短视频，似乎显得传统了一些，但是这段时间能够精准地表达企业或者产品的卖点，不仅是策略需求，而且在画面表现上也更加精练。看看这些年轻人创作的影视广告，不仅能了解年轻人的创意思想，而且也会更懂得品牌如何和消费者对话

第一节　影视广告概述

随着科技发展和人们阅读习惯的改变，立体媒体超越传统的平面媒体成为最受欢迎的形式之一。影视广告也成为最受欢迎的广告形式之一。

影视广告是综合文字、影像、声音、色彩等兼具视听的艺术手法，通过电影电视、互联网、手机等传播媒介向受众传递产品或服务信息的现代化广告。在新媒体时代，作为社会审美的重要生产基地，影视广告凭借画面、音效、色彩等元素在网络、手机、电视等媒介上的广泛传播，以自身的时尚性和先锋性为基础，进一步加强了其传播范围与影响力，凭借独特的方式成为当今社会审美与社会意义的记录者。因此，其对于视觉审美的要求较高。在传播的过程中，影视广告通过对产品在审美上进行象征性意义的赋予使产品本身具备一定的社会意义，从而使人们的消费过程反映出特定的文化含义。

影视广告是非常奏效而且覆盖面广的广告传播方法之一。影视广告具有即时传达远距离信息的媒体特性——传播上的高精度化，影视广告能使观众自由地发挥对某种产品的想象，也能具体而准确地传达吸引客户的意图。传播的信息容易成为人的共识并得到强化，环境暗示、接受频率高。并且，这种形式为各个年龄段的人所接受，可以说影视广告是覆盖面最广的大众传播媒体。

影视广告区别于传统的平面媒体与二维空间，人们阅读习惯的改变、电视技术的强大、互联网的迅猛发展，使影视广告成为最受欢迎的广告形式。

影视广告不仅需要一个好的创意，更需要制作流程上的成熟、技术上的专业等。假如没有领会到广告与营销的真正意图，那么有可能拍出一条精美但并不奏效的广告。影像广告就是通过电影制作手段来拍摄的，它是一种集声音与影像技术于一身的艺术形式，结合听觉和视觉的双重体验，将影像、声音、色彩、动作、时间等多重元素组合在一起，是一种极具视觉体验和广告效果的艺术形式。影视广告通过影像和声音将产品表达的主题、信息一目了然地告诉我们，不用到市场上去逐一寻找。我们可以根据某些广告的产品功能简介，来了解产品的性能，给我们的生活提供了诸多方便。影视广告在某种程度上带给我们的是方便、快捷的生活，学无止境的文化产业和别出心裁的视觉效应。

影视广告是通过大众传播媒介传递信息的，信息传递快且广，对受众接受过程中的感知环节和兴趣的影响很大，容易让人产生记忆，有时广告已经停止，而这种记忆却经久不衰，形成一种无形的传播。这种影视广告才能直达人心，产生一个好的效果。

互联网时代的年轻群体，处在信息爆炸时代，并且更加"见多识广"，他们越来越难被打动。浅层次的广告告知越来越成为人们关注的盲点，有故事、有内容的广告越来越能够被消费者所记忆。

广告传播需要给消费者创造强有力的"记忆点"，尤其是5s、10s、15s、30s的影视广告，要利用有限的时间最大限度地将"创意"和"产品"进行巧妙的"链接"，使消费者产生认同感，尤其是对于药品广告而言，既要避免一味地介绍功能疗效让观看者失去兴趣，同时在做产品创意时也不能只管价值概念的宣传。广告不仅要表达价值，还要打通创意价值和产品功能的链接。广告的产品只有在消费者头脑和心智中占有一席之地、赢得认同感后，在消费者发生购买动作时，才有可能获得被选择购买的机会。

第二节　影视广告案例解析

一个好的影视广告需要从两个层面来判断：①作品表达的主题，如何将"品牌印象"与"广告调性"相统一，将产品的内核信息传递给观看者，并能够在短时间内形成强记忆力和认同感。②影视后期制作水平，画面拍摄、剪辑、色彩、后期特效、背景音乐是否达到影视制作的基本水平。

一、与品牌的关联性

品牌的关联性是指广告创意要与消费者需求、产品特质有直接或间接的联系,也就是说,在广告创意中,不仅需要有创意的表现还需要具备极强的洞察力,发现产品与消费者需求间的关联,提炼细节并放大,继而作为广告创意的素材加以表现。

作品的主题通常从产品功效、产品包装、产品特性、企业精神内核同影视广告能够直接进行关联,虽然产品的功能和属性容易被其他产品模仿,但品牌文化却很难被复制。将文化内涵融入品牌,使品牌在文化层面形成品牌差异,提高品牌品位,以达到品牌形象独具特色的目的。

不论是从主题的意义层面,还是从产品的包装层面应该有直接或间接的联系,如果影视广告的内容天马行空,直到影视广告结束都不能让人体会到产品的价值所在,反而会引起消费者对于品牌的反感,进而损害品牌的形象。

《英语补习篇》(见图4-1)的剧情明晰,色调舒适,镜头切换干净、流畅、不拖泥带水,景深、景别选取恰当,演员表现也值得称赞。结尾以广告语"快克治感冒,真的很quick"点明快克有别于同质化产品最主要的特性,转而引出快克品牌,揭开先前的悬念,为观者留下深刻的印象。

缺点在于广告语过于口语、直白,剧情稍显俗套,视频中段的反复强调消耗了观者耐心,部分受众不一定会买单。如果针对上述问题进行调整,一定会做得更好。

银奖作品《最强大的保护》(见图4-2)赋予小快克童趣化、年轻化,以儿童的角度表达,以定格动画的形式呈现,突出妈妈对孩子的细心呵护。有了小快克,可以和妈妈一起照顾孩子,给全家带来最强大的保护。

每一个妈妈都是孩子最强大的保护伞,为孩子撑起一片天。作者抓住这一洞察,将妈妈比喻成钢铁侠、魔术师、胆小鬼、大白、小丑,在照顾孩子方面,妈妈似乎无所不能。视频以独到的情感诉求,牢牢抓住每一位妈妈的心,相信妈妈们也都有过类似的经历,容易与妈妈用户产生强烈的情感共鸣。以孩子的口吻来阐述,童稚的声音,不仅能更好地俘获好感,也点明了小快克是儿童感

图 4-1
作品名称：《英语补习篇》
创意点评：作品的创意是将品牌年轻化表现为场景年轻化，立足"年轻化"的场景，不局限于感冒症状，而是将快克的发音与英语单词 quick 巧妙地联系起来，再通过反复强调的形式加深观者的记忆，强行植入 quick 与快克之间的联系。

冒药这一产品调性。画面内容是一个大瓶和一个小瓶，形象地代表了妈妈和孩子，整体色调以黄色为主，除能够给用户带来安全感外，也容易加深用户对小快克的记忆。

　　铜奖作品《快克之"止咳"篇》（见图4-3）的开始是一名男生以平面海报的形式出现在公交站台的广告牌上，女生走过来左右打探，并向他挥手示意，男生岿然不动。这样有趣的片头，再配上节奏鲜明的音乐，给整个影片增强了戏剧性。女生走到男生身边时，拿走了他手里的小快克，"不动"的男生终于"破功"，开始咳嗽不止，当女生又把小快克塞回男生手中时，男生又恢复了其不动的样子。反复的动作，突出快克就像有魔力一样。广告牌上原本就是快克的宣传图，超大的 logo 加深了消费者对快克的印象，会心一笑的同时，也会对快克产生信任感。最后一句广告语（slogan）简洁明了，突出产品的价值诉求和情感诉求。

第四章　影视广告创意方法及案例解析

图 4-2

作品名称：《最强大的保护》

创意思想：作品用拟人化、故事化的手法赋予小快克可爱、天真、萌萌哒的形象。在小快克的心目当中，快克妈妈是无所不能的。妈妈给了小快克最强大的保护，小快克想和妈妈一样带给全家最强大的保护。

图 4-3

作品名称：《快克之"止咳"篇》

创意思想：公交站台广告牌上是快克的广告，一名男生单手托着一盒快克，一名女生走过来拿走了快克，广告牌上的男生开始不停地咳嗽，放上快克后，男生立马不咳嗽了。

但是，本视频对细节的处理还需加强，如果能增加一些女生对男生的探究和互动，制造更多的趣点，会不会效果更好一些呢？

铜奖作品《不要将就》（见图4-4）的主题是精准用药。精准用药是小快克的核心诉求，但是本作品在最开始时并没有说什么是精准用药、如何精准用药，而是通过宝宝的日常小事一点点循循善诱：吃饭不适合大碗，小碗才适合；穿衣服不适合大帽子，小帽子才适合；生病了大快克不适合，小快克才适合。通过类比，更加通俗易懂地强调了照顾宝宝精准的重要性，从而突出小快克精准包装的特点。

图 4-4
作品名称：《不要将就》
创意思想：宝宝吃饭不要大碗要小碗，宝宝穿衣不要大帽子要小帽子，宝宝感冒不要大快克要小快克，通过循循善诱，意在说明精准用药的道理。影片中宝宝的表演自然、肢体语言丰富、神态到位，为影片增色不少。作品画面干净、简洁，足够表达清楚其意思，这是非常可贵的。

银奖作品《妈妈的挑剔》（见图4-5）。作者巧妙地运用案例法，20℃的衬衫、30℃的连衣裙，每天三本童话书，600mL的牛奶、不超过5g的食用盐，这些具体数值的背后，凸显了妈妈对照顾孩子的挑剔。小快克的精准分隔包装，能满足挑剔妈妈的需求，体现了产品的调性，也强调了小快克的科学性、精准性。

图 4-5

作品名称：《妈妈的挑剔》
创意思想：妈妈的挑剔体现在对温度的敏感、对哄睡的耐心、对营养的认真、对健康的苛刻，当然还有对药物的精准，小快克的精准包装，满足了妈妈的挑剔。

对生活小事的精细化引起了妈妈们的共鸣，从而培养妈妈们对小快克的信任度和依赖感。

但是，作品整体过于平淡，前 4 种小事的类比，引出了小快克的精准，加上配音、配乐，很抒情，但没有起伏感。如果加上一点起伏，影片将会更加吸引人。

二、原创性

由于现代社会中产品数量多、同质化严重，为了使得消费者能够对广告产生兴趣，广告创意也需要具有原创性。与众不同的新奇感引人注目，鲜明的魅力会触发人们的兴趣，能够给受众留下深刻的印象。这一系列的心理过程符合广告传达的心理阶梯目标，寻找其中的创意点至关重要，有策略的原创能给人留下深刻的印象。

最重要的原则是，原创内容在第一次亮相时就能吸引人的注意力，原创可以表现在内容主题的原创方面。好作品的原创性必然来自对于产品的洞察，只有充分了解自家产品与竞品之间的差别，才能有针对性地创造出只属于快克自己的作品。

原创性也可以表现在作品呈现形式方面，现在越来越多的动漫、逐帧动画、运用拟人化的形象等形式获得了年轻群体的青睐与喜好。

银奖作品《童年的快克》（见图4-6）采用科普的方式，用富有童趣的视角、活力四射的配音以及丰富多彩的画面将该片的受众自然而然地定位为小朋友，用动画片的方式向小朋友进行科普和产品宣传，是小朋友更容易接受的方式。

图4-6
作品名称：《童年的快克》
创意思想：采用动画风格，用童真的配音、可爱的画面来表现小快克的疗效和产品理念。影片伊始，作者用了阿莫莉卡用电熨斗烫背和奶奶去庙里求香灰治疗感冒这样两种不科学的治疗感冒的方法来对比小快克科学的治疗方法。作者用拟人、对比的手法来表现小朋友在感冒以后需要及时服用小快克，体现小快克产品可以让宝宝快乐吃药的产品理念。

优秀奖作品《快！快克克克克！》（见图4-7）的创意内容是在小朋友的梦乡里，小快克小超熊化身为超人，拿起狙击枪，将感冒病毒一一击败，还小朋友一个安稳的睡眠。有小快克小超熊陪伴，孩子的每一个夜晚都能好眠。

图 4-7
作品名称：《快！快克克克克！》
创意思想：在小朋友的梦乡里，小超熊化身为超人，拿起狙击枪，将感冒病毒一一击败，还小朋友一个安稳的睡眠。有小超熊陪伴，孩子的每一个夜晚都能好眠。作品不像是广告片，更像是一部好玩、有趣的动画片，能引起小朋友们和家长的注意。

作品采用卡通动画的形式，这是小朋友们喜闻乐见的形式，迎合了广大小朋友们的喜好。小超熊的形象，为小超人树立了很酷、很威武的动漫形象，有利于品牌的塑造和传播。

铜奖作品《英勇卫士小快克》（见图 4-8）以定格动画的形式，把小快克比作英勇的卫士，能战胜一切病菌，画面生动形象、萌趣可爱。

定格动画的形式很普遍，而该作品的定格动画却能异军突起，不仅是因为内容有趣，而且是因为整体画面色彩对比强烈，仿佛在画面中充入了灵气，让人移不开视线。但是，如果在此基础上，能够突出小快克分隔包装的产品属性，该作品将会更加完整。

佳作奖作品《有快克，超快感》（见图 4-9）选用了中国传统戏曲文化元素，整个拍摄场景、演员服装及其妆容给人耳目一新的感觉。戏曲演员服用快克前后的状态对比，表明"感冒有快克，就会超快感"的功能。

图 4-8
作品名称：《英勇卫士小快克》
创意思想：作品以小朋友的哭声引入，告诉小朋友不要害怕感冒，吸引眼球的同时介绍了小快克是克服感冒的英勇卫士。快克颗粒幻化为各种武器，对感冒病菌一一击破，画面内容活泼生动，逻辑线清晰流畅，配音与画面完美融合，让受众既能感受到童真，又与小快克的调性高度融合。

图 4-9
作品名称：《有快克，超快感》
创意思想：一名戏曲演员因为感冒，登上舞台后还没唱几句就开始咳嗽了，然而，在吃完一粒快克后，立马不再咳嗽，声音洪亮，表演张弛有度。

但是在拍摄的过程中，作品对于主人公的表情、动作等的特写镜头太少，最终呈现出的影视广告节奏慢、镜头单调，容易使人厌烦。

三、易懂性

广告的接受群体可以说是上至 80 岁老人，下至 3 岁儿童，面向的人群有着不同的性别、年龄、职业、教育程度等，所以广告最想说的要能够适应大多数人的理解力，简单、易懂是一个很重要的考核点。当前，20～35 岁的年轻人是消费的主力军，这部分人的表达方式和喜好也不同于以往，如何利用年轻人的喜好去迎合他们，更多的思考是什么样的表述方式和主题能让年轻人理解并接受，这也是现在很多广告要去做的一个改变。

对于快克这类药品的广告来说，要做到画面温馨、青春洋溢、生动活泼、年轻化，用创意打破之前理性、沉闷的定位，以快乐的角度切入，增强趣味性，突出感冒快克与快乐的联系。

铜奖作品《24 小时的守护》（见图 4-10）创意新颖独特，选择人们熟知的钟表来表现快克"24 小时的守护"的主题，使人容易产生代入感。视频拍摄内容主题突出画面简单明了，剪辑干净，配乐符合视频的整体调性和节奏，让人觉得感冒不再是那种鼻塞头晕、痛不欲生的感受，给人一种轻松快乐的感觉。如果"快克、快克"的声音更卡通一些会更好。

优秀奖作品《快克，不错过快乐》（见图 4-11）剪辑流畅、运镜自然，反差切换随性，整体调度把握不错。音乐旋律带动画面节奏，便于受众记忆。不过既然采用对比，势必需要使用镜头以加深对比效果，即对比部分的分镜略显粗糙，对于细节的刻画不够到位，以致感染力稍显欠缺。以演员直观地展示快克的效用，一秒变身体现快克效用之快，总体来看属于不错的学生作品。

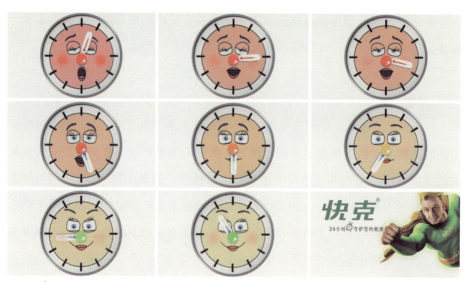

图 4-10

作品名称：《24 小时的守护》

创意思想：作品以钟表和时针转动为创意点来表现快克的药效。它将钟表的形象卡通化、拟人化，把时针替换为温度计，以卡通化的钟表患感冒，转动过程中通过温度计样式的时针的颜色由红色变成蓝色，卡通人物的脸色、鼻子颜色的改变以及眼睛状态的改变来展示快克在 24h 内的药效。

图 4-11

作品名称：《快克，不错过快乐》

创意思想：作品通过对耳熟能详曲目的改编，基于歌词配上画面片段，借助抖音爆火类型视频完成感冒前后的对比，在受众内心植入感冒带来负面影响不可估量的第一印象，从而加强或促使其产生购买欲望。

四、实效性

广告最终的目的是为了营销,尤其是为了节日、敏感话题、新闻事件、影视娱乐热点、当下社会问题而产生创意的广告。在一个个特殊的节点上,有针对性地进行策划传播,能快速获得围观和传播,获得一个不错的传播效果。

不论是喊麦的方式、热门游戏形象,还是夏洛特电影的大卖,品牌可以利用已有的热点和关注度,进行一定的模仿与再创造,可以在热点中自带流量,受众在观看时,有着高度的熟悉感、代入感,能够迅速地进行记忆并产生认同。但是,根据新闻事件、影视娱乐、当下社会问题等热点,一定要注意同品牌本身的调性相符合,否则就会出现有损品牌形象的宣传。

快克创意作品《喊麦,快克姐》(见图4-12)在歌词中讲述了感冒时会遇到的种种状况,以及快克药效带来的帮助。运用"喊麦"这种年轻人喜爱的方式,表现出快克品牌的年轻化,容易让广大的年轻群体喜爱和接受。用朗朗上口的旋律,加上原创歌词诠释快克的疗效,把一个姑娘感冒后的种种窘境表达得淋漓尽致,使用快克后,浑身舒畅,感冒转好,突出了快克的药效好,充分贴合产品的核心诉求,有利于吸引更多的目标用户。原创歌词如下:

一人我感冒累

累把眼泪成双坠

舍友他不体会

只求感冒别得罪

鼻涕我无情淌

咳嗽我肆意扰

身体虚弱,有气无力

千里把药寻

说快克我心满意

药效我惊叹妙

我头昏脑胀

身体发烫

只怪太年少

用快克，疗效快

全身畅通无牵挂

快克美名传佳话

图 4-12
作品名称：《喊麦，快克姐》
创意思想：借用 2015 年火爆的说唱歌曲《一人我饮酒醉》的旋律，为快克量身打造纯原创的歌词改编。由于原歌曲传播甚广，此种形式可以有效地带动作品的传播，拉近与目标用户的距离，与快克受众产生强烈的共鸣。

第四章 影视广告创意方法及案例解析

佳作奖作品《夏洛特别烦恼》（见图 4-13）以电影《夏洛特烦恼》为出发点进行创作，剧情脉络清晰，剧情内容有起有伏。影片创意很好，将热门电影与快克相联系，使得广告具有较强的传播力，加深了快克在消费者心中治疗感冒快人一步的印象。

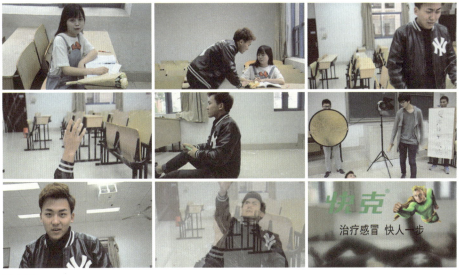

图 4-13
作品名称：《夏洛特别烦恼》
创意思想：作品的主演借用了夏洛特烦恼中的角色，利用电影《夏洛特烦恼》的影响力，因此影片很有代入感。中间部分运用了夸张的手法，模拟了剧组拍戏的场景，男主角浮夸的演技给人留下了很深刻的印象。他正尽情演绎时，由于咳嗽打断了他要说的台词，导演直接让换人，幸好男主角随身携带快克，他快速吃下一粒，下一秒便充满活力进入情景，快克帮他挽留住了表演机会。

佳作奖作品《感冒快克，快快乐乐》（见图 4-14）运用当年火爆的一款游戏中的元素和卡通形象，卡通形象的黄绿色同快克主体的黄绿色有共同元素，能够第一时间抓住消费者的眼球，简单、易记的形象能够加深消费者对快克品牌的记忆和理解。

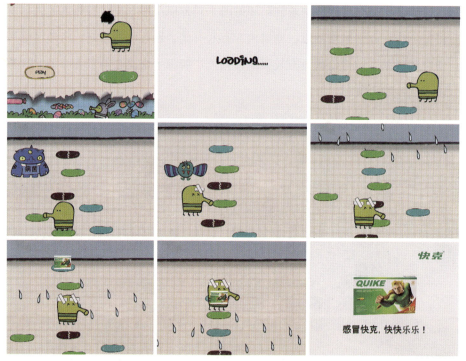

图 4-14
作品名称：《感冒快克，快快乐乐》
创意思想：作品选用当年火爆的一款游戏中的元素和卡通形象，可以看到卡通形象两个不同的状态：健康的一面和病态的一面，开心的眼睛和迷糊的眼睛，毫不费力的状态和跳一步就挥汗如雨的状态，形象而生动地表现出了感冒和健康两个完全不同的状态，凸显快克的药效，感冒就用快克，便能快快乐乐。

第五章
微电影创意方法
及案例解析

导 语

　　微电影是指在学院奖参赛的 3min 以内的短视频，以品牌植入、情感植入、剧情植入为方向的商业微电影，最巧妙的植入是品牌内涵和故事情节的植入，剧中人物的个性一般都透视着年轻人的创意思维，好的商业微电影是未来的发展趋势。

第一节　微电影概述

微电影具备完整的故事性与情节构筑。微电影的灵活性较强，可以单独成篇，也可以系列成剧。

在互联网迅速发展的时代，极度碎片、分割的时空和需求，与产品消费增长渐趋平稳的总体市场，共同构成了营销者所面临的新环境。年轻人更具有社会责任感，会为自己感兴趣的东西而付费，也会与平淡无趣味的东西渐行渐远。由于消费者接触信息的渠道和方式越来越多，对信息的掌控权越来越大，消费者的购买决策也开始走向复杂化，受到生活习惯、爱好、情感、价值观等多种深层维度的影响，广告形态和内容越来越"软"，互联网发力越来越"硬"。

广告已由"告知"时代进入"讲述"时代，我们思考更多的是广告怎样传播给消费者并创造强有力的"记忆点"，"创意"和"产品"怎样更好地"链接"，"品牌印象"与"广告调性"怎样和谐共生。

无论时代怎样变化，如何讲述好故事都很重要，人与生俱来的好奇心和对故事的热爱，再加上人们对于传统传输式广告的抵触心理，微电影为越来越多的品牌所采用。微电影是一种适合在移动状态和短时休闲状态下观看，短小且具有完整故事情节的"微（超短）时"（3min以内）、"微（超短）周期制作（7~15天或数周）"和"微（超小）规模投资（几千到数万元不等）"的视频类电影短片，微电影的灵活性较强，可以单独成篇，也可以系列成剧。微电影不论从制作时间、制作成本，还是播放时长来说都要低于电影。微电影在短时间内具备完整的故事性与情节构筑。

微电影的形式更能体现广告主的意图和诉求，其根本目的在于通过娱乐手段进行品牌营销。学院奖评审主席莫康孙说过："传媒的透明与放大让植入广告变得越来越显眼，它本身所穿的一层内衣已经被媒体和消费者无情地扒下，植入广告不得不以另一种形式表现。微电影开创了一种新模式，丰富了植入的内涵，让人们看到了品牌走向成功的另一种选择的可能性。"广告定制微电影更符合"微时代"的传播特点，更具有研究价值，重点应该放在广告定制微电影的形式上，只有这种形式才能真正达到广告营销的目的。将产品的理念融入微电影之中，潜移默化地传递产品的价值，从消费者的利益和情感角度思考，通过故事与观看者产生共情，打通客户头脑中的情感空地，扎扎实实地占据下来，客户一旦产生相关需求，能立即被想到，甚至是首选。

一个广为流传的微电影广告必然离不开主题和制作两个方面。微电影广告的影片时长大于影视广告，在充分的时间里表述的不仅仅是简单的情节、有节奏感的画面，更重要的是故事的讲述方式。

微电影广告采用了电影的拍摄手法和技巧，增加了广告信息的故事性，能够更深入地实现品牌形象、理念的渗透和推广。微电影广告考验的是说故事的能力，说故事的能力是从事创意相关工作的关键能力之一。微电影应该有属于自己的定义，即产生于互联网媒体营造的微时代，具备电影的基本构成要素，内容短小且富有时代感，便于人们在工作、学习之余的碎片化时间里，借助各种网络传播终端观看电影短片。

第二节　微电影案例解析

微电影广告的关键是说故事的能力。透过参赛大学生拍摄的快克微电影，找到创意的路径。

一、遵循"感性为主、理性为辅"的情节设计原则

在创意表现中，广告创意表现手法除了能引起注意外，还能达到提升广告创意认知强度、强化广告创意认知深度、延长广告创意认知时间，以及增加广

告创意认知兴趣等效果。广告创意表现手法是让广告产生影响的重要因素。大卫·奥格威曾说过"好的广告创意一般不需要很高的制作成本，却常常发挥出四两拨千斤的效果。以创意本身吸引观众的眼球，而不是靠令人眼花缭乱的高成本制作吸引观众"。

学生作品的主题最好从身边的平凡小事入手，通过广告主角的平民化、主题的生活化来体现。主题多源于日常生活，日常要加强对生活的观察，揣摩不同身份的人群的特征。

微电影最重要的一点是建立叙事情境，可以设置悬念，增加角色描写，增加戏剧化的情节，用带有情节的故事片段使人们在戏剧化的叙事中，认知、感受产品，最终接受广告信息。

情节即故事内容，"拼凑的情节不能打动人，不能实现好的品牌传播，各大品牌开始尝试'内容为王'的微电影"。微电影广告的创作者不但要重视瞬间抓住观众的目光，而且要重视持续吸引观众的眼球，使观众很快沉浸到微电影营造的情境中去。好的剧情，如果没有把握好影片的制作、叙事方式及角度，也会失去观众。因此，有了好的剧本，还要重视对剧本的影像建构。

快克微电影的参赛作品，大多数的主题都是围绕青年群体的友情、亲情、爱情进行叙事的。从这三类感情入手，用年轻人的视角描述快克给他们带来的快乐和情感满足。

不同叙事类型的微电影广告，叙事情节的设计会有不同的侧重。例如，情感类、喜剧类、纪录类的微电影广告中感性成分更多，谍战类、悬疑类的作品中理性成分要更多。但是，不管是哪一类型的作品，都要遵循"感性为主、理性为辅"的情节设计原则。

（1）消费心理。消费者在消费时的购买心理反应。微电影广告的主题是其核心，只有融入了消费者的心理因素，才能使微电影广告的诉求适应消费者的心理需求，才能使微电影广告深入到人们的生活领域，使微电影广告的主题与消费者产生心理共鸣、产生诉求力量。

（2）产品特征。充分认识产品特征，也是发掘广告主题的重要途径。通过产品特征来发掘广告主题，必须建立在有效产品分析的基础上。要创作一个好的微电影作品，必须先确定一个好的主题，而为了确立一个好的主题，就不能放过产品之间任何一点微小的差异。只有找到产品满足消费者需求的要点和特性，才能确定微电影广告的主题，才可能提出良好的微电影作品创意。

（3）品牌形象。品牌形象是根据产品的个性及其消费对象的审美情趣设计出来的。品牌形象的塑造和传播需要结合产品特征和消费心理进一步确定，品牌如人，坚韧勇敢、有爱有梦想、顽强负责任、值得信任、懂得感恩的品牌形象通过故事情节的呈现跃然而出。

观众观看微电影广告，并不希望只是获得一种浅薄的娱乐，而是把它当作一部"微电影"而非"广告"在看。他们希望利用"碎片化"的时间休息一下，从微电影中获得娱乐、收获感动、获取正能量。因此，微电影广告、必须将广告内容与故事情节密切结合，将广告信息及诉求自然、轻松地融入，既让观众注意到广告内容，又让观众觉得叙事流畅、情节生动，使广告营销与叙事情节两者相得益彰。微电影广告的叙事，要使观众在得到心情愉悦、精神感动的同时，被引导接受某些产品、品牌形象、生活观念、社会价值观等。

微电影广告必须将广告产品或者品牌作为线索、环境、道具等叙事元素融入故事情节当中，否则可能得不到广告主的认可。但是，产品的线索又不能暴露得过于明显，这样会失去微电影的艺术属性，合适的距离将产品或品牌信息放到最远的地方，远到看不见却能感觉得到，那就是最好的位置。

不论是在电影、电视节目中植入式广告的传播过程中，还是在传统商业电视广告的传播过程中，受众一般会受到时空的限制。

微电影广告作为"微时代"的重要产物，在很大程度上突破了这种时空的界限。

1. 产品要贯穿于整个故事和推动故事情节的发展

相比于传统影视剧中的植入广告，微电影广告可看成一种"高级的植入式广告"，它将故事与产品完美地契合在一起，使产品巧妙地渗透在一个好故事当中，让受众在不知不觉中接受产品从而产生购买欲望。

金奖作品《关于一群小朋友的街头采访》（见图5-1）非常富有感染力，选取的采访对象为小朋友，天真烂漫、活泼可爱，最重要的是童言无忌。小朋友洋溢的笑脸和纯真的回答让观众感受到了小朋友的世界里，只有玩耍和爸爸妈妈的温暖，还有孩童的真实。为什么不喜欢快克？因为快克的药效见效快，会减少被爸爸妈妈关爱、关怀的时间，因此，快克的"快"就是他不喜欢快克的原因。本作品的创意在于利用小朋友的真实，从侧面体现了快克的药效，令人深思，少一点感冒，多一点陪伴。

图5-1
作品名称：《关于一群小朋友的街头采访》
创意思想：以孩子们的视角为出发点，对他们进行采访。孩子们的世界是很单纯的，喜欢什么、不喜欢什么都十分直接，本片的创意点就是在最后小男孩说的那句话"我不喜欢快克"，最后孩子揭示原因"因为吃了快克病就好了，爸爸妈妈就不能陪我了"，引发了观众的思考与反思。

优秀奖作品《超级奶爸》（见图5-2）从父亲带孩子这一视角出发，将母亲不在家中时，父亲与孩子间的互动体现得淋漓尽致。首先"乖巧"地答应母亲在家要乖，而后却在家里翻江倒海，镜头中父子间的打闹更显温馨，让人会心一笑，然后利用从太阳到月亮的简笔画变化，巧妙地把时间推进到夜晚，父子俩晚上睡觉着凉导致早上感冒，但是不用担心，妈妈不在家有快克照顾你。

第五章 微电影创意方法及案例解析

图 5-2
作品名称：《超级奶爸》
创意思想：妈妈不在家，爸爸和熊孩子要闹翻天了。感冒就喜欢趁机潜入，还好有快克，妈妈不在也没关系，快克替她照顾好家人。典型的爸爸带孩子的场景，能引起消费者的共鸣，突出快克年轻、快乐、活力、可靠的形象，大人和小孩子都能看懂和接受，拉进了与消费者的心理距离。

贴近生活的广告更能使消费者有购买欲望，本片恰恰如此，逻辑关系合理，转场巧妙，既体现了父子间的温馨，又突出了妈妈在家庭中的重要性，最后突出了快克的必不可缺，但是并没有让人感觉到生硬，因为带入快克更是类比了母亲在家庭中对家人无微不至的关怀，将快克的品牌形象塑造得亲民、可爱。

金奖作品《感冒快克，开心快乐》（见图5-3）利用生活中快克感冒药可能出现的场景展开联想，形成一个个相对独立的故事，分别从友情、爱情、思乡情等方面，阐述在紧密关系中如果出现感冒症状的尴尬情况，含蓄地表达了快克对于此类情况的克服和治愈效果。最值得关注的是内容形式的表达，作者选取朗朗上口的广告歌曲加以改编，重新创作，用歌词配合画面，相得益彰。

图 5-3
作品名称：《感冒快克，开心快乐》
创意思想：优秀的公司推出优秀的产品，一定要有一首好听的宣传曲和主题曲与之匹配。作者在录音棚录制了关于快克的一首单曲，并精心制作了关于快克的 MV，致力于表现快克的良好疗效和能带给大家的快乐，就是想见证快克能给所有人带来力量和快乐。

2. 产品诉求要在故事中充分展现

广告诉求是指产品或服务在广告中所强调的、企图说服或打动广告对象的传达重点。在微电影广告中，除了突出产品的存在、强化观众的注意外，还要在故事中充分地展现产品的诉求点，即所谓的卖点。

这使得产品形象与人物形象紧密地联系在一起。这种同构关系带来的结果就是广告借助男主角对女主角的爱慕之情，巧妙地传达了观众对洗发水的爱慕之情，实现了微电影中的故事与广告诉求之间的完美融合。

银奖作品《爱，不迟到》（见图 5-4）以"爱，不迟到"为主题展开，作品的暖色调暗示了整部微电影的感情色彩，整体节奏紧张且舒缓，镜头语言丰富且演员表现力强，语音中的咳嗽声让男主角瞬间明白女主角的身体状况，即使没有赶上车，爱也不会迟到。作品在向观众传达男孩女孩之间浓浓爱意的同时，快克就像是一条线，将两个人的距离越拉越近。在男孩和女孩相处的那些日子里，她在他就在，感冒在快克就在。本片的创意点，在于无数个日日夜夜，

第五章 微电影创意方法及案例解析

图 5-4
作品名称：《爱，不迟到》
创意思想：我们总会经历无数的等待，但爱是不会迟到的。作品传递出快克的温情，快克就像暖男一样无时无刻地呵护你。作品偏文艺清新路线，抓住了现在年轻人的品位、风格，让快克在年轻人的心目中留下了温暖的形象。

男主角都陪伴在女主角身边，快克也一直都在。

银奖作品《就是这么"快"》（见图 5-5）故事内容紧贴主题、简单易懂，没有太多曲折的感情线。男主角不停地奔跑，快速奔跑，与时间赛跑，为女朋友送去感冒药。男主角把快克拿在手里，像是握住了救命良药，一路飞奔，与快克相呼应。在他飞奔送药的路上虽然有些许搞笑滑稽，但也不免让观众感动。作品的创意在于将男主角的形象转化成超人，奔跑之"快"与快克之"快"相结合，快到让人还没反应过来。虽是夸大了"快"，但确实给观众留下了深刻印象。

铜奖作品《快克，默默地关爱着你》（见图 5-6）以默默关心着的爱为主线，男主角喜欢女主角的歌声，长期以来默默地关心、陪伴着她，始终不敢走上前。后来，男主角通过快克鼓起勇气与女主角建立起了联系，快克承载着两个人的喜欢与爱，在两人之间相互传递。快克不仅是医治女主角感冒的良药，同时也让女主角接收到了男主角爱的信号。作品温暖真情，透露着爱情的甜蜜，两个人的"遇见"，由快克展开，也暗示着不仅是人在默默关爱着对方，快克也在默默地关爱着所有人。作品的创意在于一语双关，既表达出男主角的爱意，又表达出快克的爱。

图 5-5
作品名称：《就是这么"快"》
创意思想：快克感冒药的"快"是作品突出的主题，故本作品除了要体现快克疗效好之外，更多地要体现快克的疗效快，这一点确定了创意的方向。

图 5-6
作品名称：《快克，默默地关爱着你》
创意思想：作品讲述一位上班族在地铁里邂逅了一个以歌声吸引他的女孩子，后因感冒而认识对方。创意来源于现代都市生活，通过男主角默默的关爱、帮助，以此来化解人与人之间的冷漠，并回归快克感冒药的理念。

第五章　微电影创意方法及案例解析

佳作奖作品《其实你不必全能》（见图5-7）的表现方式让人眼前一亮，用第一人称讲述妈妈在孩子生病时如同超人般的行动力，孩子打喷嚏，像医生一样诊断病症，为孩子配药，孩子嫌药苦不愿意喝药，又变身为糕点师，做了孩子喜欢吃的草莓蛋糕。最后，作品给了快克一个特写，配上旁白，为了让妈妈省心，专有的小孩子剂量和草莓口味，把妈妈的负担减少，其实你不必全能。

图5-7
作品名称：《其实你不必全能》
创意思想：在孩子的眼中，妈妈总是全能的，无论什么难题都能迎刃而解。当孩子感冒时，妈妈要判断病情、估计药量、哄孩子喝药……没有谁生来全能，无所不能的背后，是妈妈对孩子的爱，爱会使人强大。小快克的0.5袋分隔包装，用量更精准；草莓口味，让孩子不再抗拒喝药。小快克，为爱助力，让妈妈更省心！

作品以孩子的视角体现了妈妈的伟大，妈妈这一形象的多样化也表现得恰到好处，而快克也类比了妈妈的专业行为，告诉用户，快克如同妈妈般，也让妈妈放心，快克有对孩子无微不至的关怀，让品牌更加贴近生活、更加亲民。

二、提炼和表达准确、普适的广告主题

微电影的艺术特征之一就是具有同一主题，是微电影为达到树立或提升品牌形象的目的所要说明和所要传播的最基本的观念。那么，提炼和表达准确、

普适的广告主题,对于建立在树立或提升品牌形象的传播目标基础之上的系列微电影来说,就显得尤其重要。新媒体环境下的微电影广告主题的来源离不开对消费心理、产品特征、品牌形象三个方面的挖掘。

1. 平凡情感路线,寻找情感共鸣

广告是人类沟通情感的重要工具,相当一部分广告创意来自消费者对广告传达出来的、对人类美好情感的肯定,对广告传达的友谊、爱情、关怀、尊敬等人类感情的认同。泰国很多优秀的广告都善于用虚构的广告形式,再现日常生活的感动,以真挚的情感征服受众。成功的广告必须对社会付出关怀,正如塔纳在所说:"如果你对生活在这个国家的人们一点都不关心,你是不可能成功地卖出东西的。"

情感是人类永恒的话题,以情感为诉求进行广告创意,是泰国广告创意的主要表现手法。这种广告一般都富有人情味,在产品消费高度成熟的社会里,消费者追求的是一种与自己感觉、情绪和内心深处的情感相一致的"感性消费",而不仅注重广告产品的性能和特点。因此,在广告创意中注入浓浓的情感因素,使受众产生情感共鸣。广告传播便能在消费者强烈的感情共鸣中,达到非同一般的效果。泰国有很多优秀的广告创意,都是在情感方面做文章从而脱颖而出的。

这些客观因素要求微电影在叙事目标上更强调对生活的追问及思考。它通过对生活片段的展现,构建一个寓意空间,进而引起观众的共鸣或追思。

佳作奖作品《全部的爱》(见图 5-8)从亲情角度出发,讲述一对母女因为一部手机、一个承诺、一份亲情而衍生的故事,女孩因为母亲的承诺,希望可以尽快更换一部新款手机,因为周围的同学都已经换了新手机。一次和妈妈打电话时提到此事,女孩恼羞成怒,愤怒地挂断电话。女孩不小心踩到地上的一摊水,滑倒以后身上浸了凉水,出现了着凉感冒的情况。感冒生病以后,遭到同学们更加严重的排挤,这时候女孩收到了妈妈从家里寄来的包裹,里面是妈妈卖掉家里种地用的拖拉机的钱,这时候女孩才明白原来妈妈一直都在拼尽全力去满足自己的要求,女孩幡然悔悟。作品通过刻画亲情的细腻来表达快克

第五章　微电影创意方法及案例解析

图 5-8
作品名称：《全部的爱》
创意思想：母爱犹如巨大的火焰，无论时间多久，无论走到哪里，你都会感受到她的照耀与温热。快克正如母爱一般，给予我们温暖、健康、活力的感觉。

作为亲情链接纽带的特殊调性，亲情的温暖和快克的调性相辅相成，如果作者可以加上字幕的话，可能更加方便观众理解，也可以让观众更好地感受快克想要传递的温情和亲情。

铜奖作品《最好的良药》（见图 5-9）洞察到家人在生病时最需要的是陪伴，从情感诉求出发讲述故事，在微电影的最后深化主题，表明陪伴是最好的良药，体现出母女之间深深的羁绊和浓浓的想念。作品无论对话还是旁白都采用了方言，使得本作品更加具有家庭感，将亲情诉求表达得淋漓尽致。

创意实战大奖《快克制住你自己》（见图 5-10）采用了滑稽搞笑的风格，用三个片段一步步推进，循序渐进，很有条理。利用与众不同的断句方式和谐音，用"积雪高"中的"雪糕"、"长点心"中的"点心"引出"快克制住你自己"中的"快克"。以搞笑的方式引出品牌和产品，更加深入人心。但是，作品的镜头略显单调，固定镜头较多、较长，如果能丰富镜头的表达，效果可能会更好。

图 5-9
作品名称：《最好的良药》
创意思想：一盒药，两代人。随着时代的变化，母女二人的角色相互转变，但不变的却是母女之间那渴望陪伴的初心。其实想想，平时我们生病了，最希望的还是有人能够陪在自己身边，嘘寒问暖，那样会更安心，会有一份无法言说的满足感。所以，有人问世间最好的良药是什么，我会说是陪伴，它并非包治百病，但缺它不可。

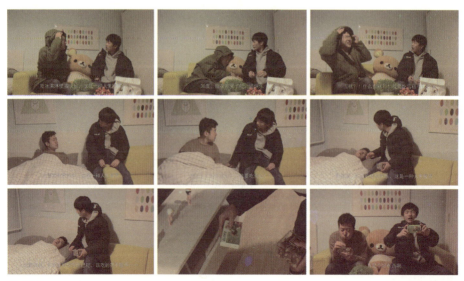

图 5-10
作品名称：《快克制住你自己》
创意思想：作品讲述了一个哥哥照顾一个吃货弟弟感冒后发生的有趣故事。弟弟感冒发烧后，仍然要吃雪糕、点心，导致感冒越来越严重。最终，兄弟俩一起想到了快克，服用后弟弟的感冒好了。

2. 幽默富有趣味性

要制作一则幽默的影视广告，趣味性是首要原则。据调查，儿童喜欢看动画片，主要原因就是动画片的变化幅度大。人类的天性就是喜欢变化，广告一旦失去了变化，就会令人感到乏味。

广告的幽默创意要来源于生活。对大多数广告主来说，其诉求的核心消费者是普通大众，生活化的场景和创意来源，能够拉近广告与目标消费者的距离，这类幽默的影视广告创意，需要采取受众能够理解的影视广告诉求方式，而那些来源于百姓生活的创意信息则具有先天的优势。一则有效的广告，不仅要能引起受众的注意和兴趣，还要激发受众购买产品的欲望和记忆，最终产生购买行为。幽默广告脱离了生活的幽默，就不能实现预期的广告目标。广告创意不能脱离生活，可客观地展示出产品的消费场景，以利于确保消费者能够准确理解广告的创意。有的广告虽有不错的创意，但消费者不一定能准确理解其含义，必然会影响广告的效果。

幽默的广告创意要跟卖点紧密结合。USP理论明确提出，每一个广告都必须对消费者有独特的销售主张。幽默的广告创意是广告的形式，最终目的是提出销售主张、展现卖点。一旦笑点脱离了卖点，就会喧宾夺主，使受众把注意力集中在了"笑点"上而忽视了广告所要告诉大家的"卖点"。这是尤其需要避免的。

铜奖作品《我想感冒》（见图5-11）从小朋友不想上学的心理角度出发，通过三个场景：洗冷水澡、大量地吃冷饮、睡觉不盖被子，表达小朋友想要感冒然后可以不去上学的内心活动，十分有童趣也非常细腻，搭配得当的色调和配乐在一开始就奠定了整部作品诙谐幽默但不失温馨的基调，让观看者自然而然地进入情境去感受小朋友的童趣可爱。最后，剧情合理翻转，用小快克来点破小朋友的"奸计"，最终"奸计"没有得逞，只好乖乖地去上学。"有快克'感冒'不快乐"，作品整体调性诙谐、幽默、可爱，也表现出小快克针对小儿感冒疗效迅速、药到病除的产品特性。

图 5-11
作品名称：《我想感冒》
创意思想：现在小孩学习压力大，有的小孩就会产生生病就能请假不上学的想法，然而快克能有效地抑制感冒的侵袭，让孩子这一想法落空，只能乖乖地去上学。"感冒"在这里被拟人化，有快克，"感冒"就不快乐，与孩子不想上学的期望相辅相成。

铜奖作品《快克之一见你就笑》（见图 5-12）采用说唱"鬼畜"的方式代入情节，讲述一个独居的男生因为淋雨而感冒，周末的好心情被感冒破坏，咳嗽打扰到了邻居大爷，邻居大爷给他拿来快克，服用后第二天重新焕发精神。一个简单的生活片段，却因作者创作的歌词生动有趣、代入感十足，让观众产生了共鸣和联想，生活化的拍摄也让观众很容易沉浸其中。同时，作品中不断重复着快克"一粒见效"的疗效，也可以让观众快速抓住快克感冒药的特点，不仅如此，作品也表明了一个人的生活不易，同时邻里之间的贴心关怀也升华了主题。

微电影广告之所以能够形成所谓的"井喷式""病毒式"传播效果，除了它能借助智能手机等移动终端这个渠道因素之外，还有就是它将传播的娱乐功能尽情地进行了展示。

然而，微电影广告创作不仅仅是娱乐观众，还要能够引导观众，这种引导，可能是推销产品、传播品牌形象，也可以是传播组织形象、行业形象，甚至是传播经营理念、组织精神、社会价值观。此时，微电影广告营销的可能是产品

第五章 微电影创意方法及案例解析

图 5-12
作品名称：《快克之一见你就笑》
创意思想：创意紧扣快克主题："感冒快克，快快乐乐。"与传统影视广告和网络微电影相比，作品采用节奏轻快的 RAP 流行音乐元素，在表现形式上凸显了独特的创新意识；在剧情和人物设置上，都市窘困屌丝男与邻家老大爷的混搭组合，因感冒而相遇，相处过程充满温情与关怀，正符合快克药业对感冒人群的关心与呵护；在精神主题上，着重表现人文情怀。

广告、企业形象广告、行业广告和公益广告等。在营销化叙事中，以娱乐为名、营销为实，将产品的组织形象、价值观、正能量等潜藏于微电影广告中，让观众随着叙事的发展，逐渐接受某种产品、形象、理念或者价值观，微电影所具有的这种引导观众的特性，正是广告主愿意对其进行投资的根本原因。

优秀奖作品《小快克伴我同行》（见图 5-13）采用动漫的表现模式，以记忆中的童年友情为故事主线，在收拾旧物时无意打开的盒子里面，看见了快克小熊超人，开启了尘封多年关于友情的记忆。小时候，感冒了，是心仪的那个姑娘递来了快克，多年过去了，好友再次相聚，唯一不变的还是牢固的友情、满满的感动。作品的故事情节十分完整，有儿时回忆的穿插；画面细节丰富，用不同的光线来展现回忆和现在之间的场景转换。最后，通过聚会分离时的一个拥抱，发现不管什么时候，只要遇见朋友就永远都是少年、永远热泪盈眶，进而引出小快克的广告语："小快克，未曾缺席每一次成长"。

111

图 5-13
作品名称：《小快克伴我同行》
创意思想：童年是什么？成长又是什么？用一句话概括，就是"我会保护你，但你也要学会慢慢长大"。我们的童年虽然没有机器猫，但我们有小快克，即使哪一天你长大了，很多事情都变得物是人非，回头看看，在那尘封的记忆纸盒里，在那片阳光中，小快克依然对你微笑。

佳作奖作品《"毁"棋》（见图 5-14）的情节是公园里的一场对弈，黑白棋局中刀光剑影，但总有一些不合时宜的声音响起，男 B 感冒引发的声响破坏了紧张的对弈气氛。滑稽的是，另一位棋手嘴里还吐出两子。最后，在快克的帮助下，男 B 治好了感冒，两人继续在公园里金戈铁马。

用滑稽荒诞的表现手法，将感冒破坏对弈的场面体现得惟妙惟肖，把棋局的难解难分和感冒的尴尬进行对比，最后引入快克治好感冒，以此带出快克的良好疗效，最后一个定格的镜头给了快克，使得品牌名深入人心。

佳作奖作品《告白》（见图 5-15）通过一台摄影机选择自拍的方式记录自己最近的生活，并且发给妈妈看，希望妈妈看完后可以放心地让自己一个人在城市中打拼。但事与愿违，现实情况和他的叙述大相径庭，原本恩爱的女友牵起了别人的手，原本以为可以互相扶持的好兄弟，在遇到困难时"树倒猢狲散"，没有人愿意慷慨解囊、雪中送炭，只剩下他一个人在大城市中苦苦打拼，最后只有快克依旧陪伴在他的身边，不离不弃。也只有快克才可以快速治愈他的孤独和独自打拼留下的寂寞，也正是因为快克的存在才可以让不在身边的妈妈放心。

第五章 微电影创意方法及案例解析

图 5-14

作品名称：《"毁"棋》

创意思想：两人正在下棋，男 A 思路清晰、胸有成竹，男 B 下棋缓慢、老想打喷嚏，当男 A 快赢的时候，男 B 突然打了个喷嚏，毁了这盘棋局。最后，男 A 给了男 B 一盒快克，两人随后飞快地下起了棋。

图 5-15

作品名称：《告白》

创意思想：男孩儿的妈妈去世了，每年生日他都会录视频以表达对妈妈的思念。即使妈妈在天堂，他也只报喜不报忧，掩盖事实的真相。可是，在最后他说自己生病了，快克的药效是无法掩盖的，快克的快速治愈感冒就是真相。

113

第六章
策划案创意方法及案例解析

导 语

　　人生需要策划，品牌需要策划，策划是每个人在成长过程中的一门必修课，品牌也是。学院奖参赛作品中有非常完整的品牌策划案，从市场分析到竞品分析，从品牌分析到产品分析，从品牌策略到创意，从活动创意到媒介传播，都有很多亮点。那么，什么是一个好的策划案呢？读一读本章的案例解析，就能找到好策划方法。

第一节 策划案概述

策划的核心工作是帮助企业制定策略，形成可执行的方案。好的策划案还要具备创意、用户的受益点、渠道、文案、贯穿性五大要素。

一、什么是策划

策划是一种策略、筹划、谋划或者计划、打算，它是个人、企业、组织结构为了达到一定的目的，充分调查市场环境及相关联的环境的基础之上，遵循一定的方法或者规则，对未来即将发生的事情进行系统、周密、科学的预测并制订科学、可行的方案。策划一词最早出现在《后汉书》。策最主要的意思是指计谋、谋略，划指设计、筹划、谋划。应用创造性思维独辟蹊径地考虑选题就是选题策划。

《后汉书·隗嚣列传》有"是以功名终申，策画复得"之句。其中"画"与"划"相通互代，"策画"即"策划"，意思是计划、打算。策最主要的意思是指计谋，如决策、献策、下策、束手无策。划指设计，意思为处置、安排。日本策划家和田创认为：策划是通过实践活动获取更佳效果的智慧，它是一种智慧创造行为。美国哈佛企业管理丛书认为：策划是一种程序，"在本质上是一种运用脑力的理性行为"。更多的人认为策划是一种对未来采取行动做决定的准备过程，是一种构思或理性的思维程序。

策划的核心工作是帮助企业制定策略，形成可执行的方案。而策略又是一个在广告界、营销界被过度使用以致泛滥成灾的词汇。产品策略、价格策略、渠道策略、推广策略、营销策略、品牌策略、市场策略、传播策略、互动策略、媒介策略……似乎一切都是策略。那么，究竟什么是策略？在上述各策略之间又有什么根本的区别？这是一个即便做了很多年策划工作，也未必能讲得十分清楚的问题。而要进入策划这个行业，厘清与策略相关的一些基本概念和概念背后的理论逻辑，则是一件十分重要的事。否则策略方案写了无数个，连基本的概念和逻辑都分不清楚，那就很难进一步提升了。什么是策略？企业制定策略有着明确的商业意图和战略目标。但企业在实现其目标的路上，总会遇到形形色色的问题与障碍。如何跨越障碍，实现目标？这就是策略要回答的问题。一言以蔽之，策略就是解决问题，就是为企业实现商业目标提供问题解决方案。策略其实就是这么简单，但越是简单的道理，要理解透彻就越是复杂。既然说策略是解决问题，到底怎么解决呢？要解决问题，首先要发现问题，知道问题出在哪里，其实问题就已经解决了一半。

  企业在市场上遇到的问题千千万万，不同的企业面临的问题也不尽相同。但归根到底，问题只存在于三个层面，要么是产品问题，要么是用户问题，要么是竞争问题。为什么这么说呢？因为它们是市场上参与商业行为的三大主体。在市场上，只存在这三种角色——我们自身（核心是产品）、我们的用户、我们的竞争对手，我们的一切商业行为，一切问题的答案，都要从这三个层面出发：产品层面——产品差异化特征是否突出，价值-价格比能否超出用户预期，品质是否值得信赖，这是企业面临的最基本问题。用户层面——品牌在用户心目中的识别度是否足够，用户对品牌的认知如何，用户与品牌之间的关系如何，用户与品牌共享怎样的情感与价值观念。竞争层面——我们的竞争对手是谁，潜在竞争对手又是谁，与竞争对手相比我们具备怎样的竞争优势，如何保证我们的可持续竞争力。产品、用户、竞争，这便是思考企业商业问题的金三角。不管我们要帮助企业制定何种策略，面临何等复杂的商业状况，只要把握住产品、用户、竞争这三个基本层面进行深入分析，找出问题的关键所在，明确企业在哪个层面出了问题，就一定可以拿出一个行之有效的解决方案。这，就是策略！

  什么是广告策划？广告策划是指在广告调查的基础上，根据广告目标，制定广告策略、方式和方法的活动，包括广告主题策划、广告表现形式和主要内容策划、媒体的选择和组合策划、市场营销配合策划等。广告策划同时也是通过细致、周密的市场调查与系统分析，充分利用已经掌握的知识（信息、情报与资料等）和先进的手段，科学、合理、有效地部署广告活动进程。简言之，广告策划就是对广告运作的全过程作预先的考虑与设想，是对企业广告的整体战略与策略的运筹与规划。

二、什么是策划案

学院奖策划案的内容包括内容提要、市场环境分析、营销策略提案、创意设计提案、媒介投放提案和广告费用预算。

策划案是策划成果的表现形态，通常以文字或图文为载体。策划案起端于提案者的初始念头，终结于方案实施者的手头参考，其目的是将策划思路与内容客观、清晰、生动地呈现出来，并高效地指导实践行动。按照其不同的用途与所突出的内容，策划案可分为三个阶段的形态，即客户提案、可行性方案和执行方案。目前，学院奖策划案基本上是客户提案。客户提案，也称"策划提案"，属于初步构思、建议的阶段，简单的书面沟通，传递大致的建议内容。

提案大约包括：①整体分析：市场特征分析、行业分析、竞争对手分析、消费趋势分析、销售状况分析。②本产品（公司）SWOT分析：优势、劣势、机会、威胁。③营销战略规划：市场引爆点、市场布局、主导操作思路、运作模式、市场进入与运作思路及设计。④营销战术规划：产品策略、产品定位与细分、价格策略、渠道策略、渠道选择、渠道拓展顺序、渠道规划、渠道占比、渠道销售量预测分析、上市时间计划。⑤促销思路概要及促销与推广细案：上市渠道促销计划、上市终端消费者促销计划、上市终端推广计划、媒介促销安排、后期促销跟进计划。

前言部分，应简明扼要地说明广告活动的时限、任务和目标，必要时还应说明广告主的营销战略。这是全部计划的概要，它的目的是把广告计划的要点提出来，让评委快速地阅读和了解，这部分内容不宜太长，以数百字为佳，有的广告策划书称这部分内容为执行摘要。

市场分析部分，一般包括4个方面的内容：企业经营情况分析、产品分析、市场分析、消费者研究。撰写时应根据产品分析的结果，说明广告产品自身所具备的特点和优点。再根据市场分析的情况，把广告产品与市场中各种同类产品进行比较，并指出消费者的爱好和偏向。如果有可能，也可提出广告产品的改进或开发建议。有的广告策划案称这部分为情况分析，简短地叙述广告主及广告产品的历史，对产品、消费者和竞争者进行评估。

广告战略或广告的重点部分，一般应根据产品定位和市场研究结果，阐明广告策略的重点，说明用什么方法使广告产品在消费者心目中建立深刻的印象。用什么方法刺激消费者产生购买兴趣，用什么方法改变消费者的使用习惯，使消费者选购和使用广告产品，用什么方法扩大广告产品的销售对象范围，用什么方法使消费者形成新的购买习惯。有的广告策划案在这部分内容中增设促销活动计划，写明促销活动的目的、策略和设想，也有把促销活动计划作为单独文件分别处理的。

广告策略部分，要详细说明广告实施的具体细节。撰文者应把所涉及的媒体计划清晰、完整而又简短地设计出来，详细程度可根据媒体计划的复杂性而定。也可另行制定媒体策划书，一般至少应清楚地叙述所使用的媒体、使用该媒体的目的、媒体策略和媒体计划。如果选用多种媒体，则需对各类媒体的报道及如何交叉配合加以说明。

广告预算及分配部分，要根据广告策略的内容，详细列出媒体选用情况及所需费用、每次刊播的价格，最好能制成表格，列出调研、设计、制作等费用。也有人将这部分内容列入广告预算书中专门介绍。广告效果预测部分，主要说明经广告主认可，按照广告计划实施广告活动预计可达到的目标。这一目标应该和前言部分规定的目标任务相呼应。策划案一般要求简短，避免冗长，删除一切多余的文字，尽量避免重复，力求简练、易读、易懂。撰写广告计划时，不要使用太多的代名词。因为广告策划的决策者和执行者不在意是谁的观点、谁的建议，他们需要的是事实。广告策划案中每一部分的开始最好有一个简短的摘要。

三、什么是好的策划案

做策划案前首先得思考：核心消费群体是谁？消费动机是什么？还有哪些其他诉求？对消费者有吸引力吗？产品在哪些终端销售？产品本身有什么吸引人的地方吗？企业与竞争对手的实力相差多少？面对面的小组访谈，重点询问两大类问题：这个产品你会购买吗？什么情况下你会不惜一切代价购买它？通过这样的问题性思考，比较容易得到下一步策略设计的路径和方向。在完成市场调查后，我们还要思考：产品应该锁定什么样的人群？为什么？除了这样的做法，还有没有更好的做法？有了完整的策略性思考之后，思考这些策略的可执行性，并用更新、更好的策略将其取代。进入执行时的思考会更多，如产品包装的设计，尽管策划人不是设计师，但可以站在消费者的角度审视这个产品，包括它的外形、色彩、图案和文字。

1. 策划案的策略

策划案通常的构成有背景分析（包括宏观经济环境、行业环境、传播环境等）、产品分析、竞品分析、目标消费群体分析，通过这些分析、思考、洞察，得出营销策略，包括传播主题、核心话术、营销策略、传播策略和规划、媒介策略等，最后才是在策略指导下的详细的执行规划，包括传播创意、活动运营等。策略部分处在承上启下的关键位置，当然，并不是说策略部分在这个位置所以才是策划的核心，而是因为策略部分是前面分析的结论，同时也是后面执行的指导思想。策略决定了传播和活动该做什么以及怎么做，是具体传播创意或活动规划的转向盘，反之，创意部分是策略实现的有效手段。

2. 策划案的逻辑

策划是用来让别人解决问题的，是用来指导别人操作的地图，这就要求策划人的思维层面要在别人之上。所以说，策划案需要给出分析思路、得出结论以及执行方案。策划案的整体逻辑，简单来说，就是找出客户面临的问题，告诉客户解决这个问题需要怎么做，最后拿出具体可行的执行规划。

背景及策略部分的呈现逻辑：策划的本质是解决问题，前面的分析应该是找到客户面临的问题并找到解决问题的策略，也就是说，这部分是"What""Why"

和"How"的逻辑，这是一个整体连贯的线性分析过程。

创意执行部分的呈现逻辑：所有的创意执行都是在策略指导下的执行，也就是说，这部分的内容是要具体解决问题的，也即是"Do"的逻辑。传播的三要素是传者、受者以及传播介质，一个完整的传播规划，需要你呈现出要传播什么、创意是什么、在什么渠道什么时候怎么传播。所以，在确定创意执行部分时，最好在执行前写明你要通过什么样的措施怎么传播以达到什么样的目的，然后再给出核心创意和传播规划。

3. 策划案的节奏

就策划案本身来说，要想把握好节奏，首先需要理清各个板块的主次和内容的侧重点。主要板块和重点内容要详细，其他内容则要简化。如果是营销通案，那么公关、广告等的划分组合、渠道的优化组合应作为重点，其他则属于支撑。如果是传播创意方案，显然传播创意才是主角，内容上要适应考察课题，重点考察的当然需要浓墨重彩。

4. 策划案的观点

首先，要有结论。每一页的分析、每部分的总结，都要有结论。其次，用"性感"的方式把结论呈现出来。与此同时，好的策划案还要具备创意性、用户的受益点、渠道、文案、贯穿性五大要素。

（1）创意性。策划案的内容必须独特、新颖，令人叫绝。平平淡淡、没有新鲜感，就谈不上策划，只不过是一种计划安排罢了。创意是策划的重要特征之一，亮点常常是创意的产物，它是策划不可缺少的内容。韦尔奇所说的"不创新就死亡"，同样适用于策划案。因此，模仿者不能成为策划的候选者。我认为，不容易想到又不容易做到的创意，是死点子；容易想到又容易做到的创意，是差点子；不容易想到但容易做到的创意，是好点子。好的策划案饱含创意的同时还要具有可行性，策划构想要有实现的可能，做到这一点，必须将创意与现有资源合理结合，最终能落到实处。那种叫好不叫座、无法实现的创意，都不是真正好的创意。信息过载的社会中，简单的表达、极致的创意，就是成功。好的创意会把产品最重要的信息放在最前面，形式简单、寓意明朗，以少量的画面元素表达想要的内容，一语中的。

（2）用户的受益点。一份好的策划案一定是"阖家欢乐、多方受益"的，根据目标消费者的性别、年龄段、爱好等，以及通过市场调研来了解企业产品能够为消费者解决什么痛点，能够为消费者带来什么价值。要明确消费者的受益点，因为只有站在消费者的角度为他们发声才会吸引更多用户的关注并参与进来。例如，活动方式和规则，在很多人看来是很简单的事情，是的，但是目标消费者未必会为之买单。活动方式和规则，很大程度上决定了消费者关注的利益点是否足够吸引消费者参与活动。活动一定要直接明了，为消费者节省时间。活动规则越复杂，消费者逃跑的心态越强烈。但是，如果你采用游戏化的设计，分步骤给予奖励，那么用户就会很听话地慢慢跟着你的节奏来。活动规则的设计准则可总结为两句话：流程简单少思考、文案清晰无歧义。

（3）渠道。让活动能够被看见。过分执着于活动设计时，我们通常会忘记，一个活动即使再无聊，如果有足够多的人看到它，也可能会辐射一群人。哪怕一个活动再精致，如果人们并不知晓，那它也会落地无声。所以，活动策划的另一个关键，就是宣传渠道投放。活动对象决定了活动会被什么样的人群接受，活动应该被哪类人看到转化率才更高。所以，活动运营很大程度上围绕的对象是人，是不同阶段的消费者。那么，我们就需要知道，消费者经常在什么地方活动，从而选择与之匹配的投放渠道。活动设计得再好，如果投放渠道没选好，那么效果还是会打折扣。渠道的不同，导致具体内容的展现不一样。图片、视频、音乐、电台，选择不同的渠道曝光，要设计适合渠道的内容表现形式，这样才会让活动能被目标消费者看见。

（4）文案。一份好的策划案需要有较好的文字驾驭能力、精准的切入、指向和创意的闪耀。"走心"的文案总是更能打动人。在品牌产品的属性和调性上，寻找与目标消费者共鸣的点，形成联系。文案应根据产品的特点，进行原创观点的输出，深入精神层面，在一种态度中传递品牌精神，这样的文案才能承载起整个策划案。文案需根据产品定位，以及想要为消费者解决痛点诉求和提供与众不同的价值来制定。例如，农夫山泉的广告语"我们不生产水，我们只是大自然的搬运工",简单的一句文案体现出了农夫山泉的卖点价值是大自然,大自然的水清澈见底,拥有人体需要的各种矿物质元素。这句文案让农夫山泉在消费者心里形成了独有的品牌,这就是文案的力量。好文案可以提升消费者对品牌的分辨力,在消费者心中会逐步形成别具一格的潜意识。

(5) 贯穿性。贯穿性有两个方面:风格的贯穿和逻辑的贯穿。风格方面,好的策划案一定拥有统一的基调。主基调包括活动主题和活动主视觉。如果说主题是"魂",那么主视觉就是整个活动的"皮",两者相辅相成、风格统一。一个好的主题要能准确地抓住整个活动的重心,成为一条主线串联起所有的流程和布置。开门见山地把活动的主要视觉呈现出来,有利于和后续活动环环相扣,不至于言之无物,道不明、讲不清自己的构想。逻辑一定要清晰,环环相扣,不好的策划案连自己都无法自圆其说,其实策划就是一个沟通、说服的过程。如果是全年的活动,要有一根主线贯穿,好的策划案不是一句看似巧妙的文案就能支撑起的。其定位策略必须精准且满载情怀,更重要的是,它必须有一个单独属于自己的精神视觉符号和统一的风格烙印,用来贯穿全程。

第二节 策划案的类型及案例解析

真正好的策划案,一定是在基本要素组合完整的前提下,找准一个有效目标,且拥有明确的逻辑支撑。

一、如何写一本好的策划案

如何才能写出一本好的策划案呢?仁者见仁,智者见智,但要达成共识并不难,关键在于大家对策划案本身要有一致的理解。策划案并不是我们每个人拿在手里的万花筒,可以随心所欲地变换图景,策划案有自己独特的内容和要求,即包括若干基本要素,必须达到一定的目的。真正准备去做一份策划案之前,需要了解一些行为准则,这样才不会在做策划案时跑偏,在一个错误的方向上越跑越远，这里就必须谈到关于策划案的目标与逻辑支撑。所以，真正好的策划案，一定是在基本要素组合完整的前提下，找准一个有效目标，且拥有明确的逻辑支撑。

1. 基本要素

从基本要素的角度来衡量策划方案的优劣，可以运用以下 5 个标准。

（1）全面性。全面性是指策划的内容，必须是基本要素的综合运用。这些基本要素至少包括基础信息（调研）、定位方向、策略构思、实现步骤、保障措施 5 个方面。缺少其中任何一个要素，都不能称为是优秀的策划案。

（2）创意性。创意性是指策划案的内容必须独特、新颖，令人叫绝。具体解释同前。

（3）正向性。正向性是指策划的创意必须有利于达成预定目标，是为目标服务的，否则再好的创意也没有价值。我认为，高知名度加高坏誉度，是臭名远扬；低知名度加高坏誉度，是臭名近扬；高知名度加高美誉度，才是有口皆碑。

（4）可行性。可行性是指策划构想要有实现的可能，要做到这一点，必须将创意与现有资源合理结合，最终能落到实处。中国古代有一则寓言恰好说明了这一点：老鼠们为了防备猫的袭击，一起开会商量对策，一只非常聪明的小老鼠提出了一个极具创意的建议："给猫挂上一只铃铛，猫一走来，我们就会听到铃声，马上就跑。"一只年长的老鼠问道："谁去给猫挂铃铛呢？"结果，没有一只老鼠敢去。所以，再好的方法，都必须具备可行性，做策划也一样，再好的方案，也一定要有可行性。

（5）效益性。效益性是指策划必须产生理想的效益，或是推动效益的增长。评价一个策划案，不是在进行作文竞赛或者选美大赛，看谁的方案辞藻华丽和设计做得美观，也不是在进行"富豪榜"排行，看谁花的费用多，而是要看谁的策划案带来的效益最高。

2. 有效目标

在基本要素完整的前提下，衡量策划方案的优劣还要分析策划案的内容是否具有目标的有效性。很多人在做策划案时，会把方案想象成流量的挖掘方式，却不关注目标与分解目标结构，只盯着方案的曝光度，而不是围绕方案的有效流量去做策划，这是一个极大的误区，策划思维一定要拥有"洞察＋逻辑"的双向能力，简单来说，第一要确定目标，第二要确定逻辑，这就是"做什么"与"怎么做"的问题。

3. 逻辑支撑

明确的逻辑支撑是一个好的策划方案所必须具备的。任何一份方案都是为了"解决问题"或"产生作用"而存在的，所以第一步就是要跟需求方进行沟通，搞清楚方案的需求和目标是什么，只有如此才能找到构思框架的维度，确保大方向不会出错。紧接着，为了熟悉项目的整体情况，就需要去整理和搜集大量的资料，如做一份品牌策划案，需要的资料包括品牌和产品介绍、整体市场环境和趋势分析、竞争对手的品牌和产品介绍、竞争对手的广告分析、消费者的属性和行为分析、消费者对品牌的认知等，虽然整理、搜集资料比较费精力、比较枯燥，但只有把资料整理好并分析透彻，才能对后面的创意输出提供足够的"弹药"支持。

最后就是"怎么做"的问题，也就是最核心的逻辑支撑部分。首先要明确，要做的策划案是一个有效流量的方案，要针对具体产品与具体业务去做方案。诊断出了核心问题，接下来要考虑如何让自己的观点更容易被接受和理解？就需要我们对策划案进行逻辑推导、对策划案的故事线进行包装，这也是让一份策划案实现升华必不可少的步骤，光自己想明白了还不行，只有让自己的想法被别人理解，才算是策划案有了合理的逻辑支撑。

一个好的策划方案，完整的基本要素、有效目标、明确的逻辑支撑这三个方面是构成优秀营销策划案的前提，缺少了其中一个方面，那么我们就可以断定，这个策划案不是优秀的策划案。

二、策划案案例解析

1. 品牌推广策划案

银奖作品《小超熊的抗感之旅》（见图 6-1）以话题营销促进平台引流，"小超熊的抗感之旅"微博话题造势,引起小超熊与宝妈之间的互动;抖音引进"能歌善舞的小超熊"的概念,与宝妈之间的互动延伸至儿童;"熊爸熊妈熊宝宝"微信创意作品征集,将小超熊与全家人之间的互动推向高潮,最大化地突出了小快克精准护童的品牌优势。

图 6-1
作品名称:《小超熊的抗感之旅》
创意思想:作品以"小超熊的抗感之旅"为原型,打造小快克全新的营销策划案,以话题营销、微信运营、平台引流为主,由"小超熊的抗感之旅"微博话题、"能歌善舞的小超熊"线上引流、"熊爸熊妈熊宝宝"微信创意作品征集,线上线下紧密结合,推进小超熊与全家人之间的互动,最大化地突出小快克精准用药的品牌优势。

金奖作品《小快克,精心每一克》(见图 6-2)通过一系列的营销策划活动搭建了企业与消费者之间沟通的纽带,让消费者更了解品牌,促进相互信任,以达到营销的目的。在活动中潜移默化地传递出小快克药效快、剂量准、快乐童趣的品牌调性,同时也塑造出快克儿童感冒药的专业形象,从而加深小快克在消费者心中的印象。

图 6-2
作品名称：《小快克，精心每一克》
创意思想：作品采用多渠道合作的方式，小快克官网、天猫、微信、微博联合推出赠票活动，吸引用户参与互动，扩大影响力。在活动中潜移默化地传递出小快克药效快、剂量准、快乐童趣的品牌调性，塑造出小快克儿童感冒药的专业形象，从而加深了小快克在消费者心中的印象。

　　金奖作品《生活无所畏惧》（见图 6-3）通过受众感兴趣的话题与受众的互动，拉近品牌与受众的关系，潜移默化地将快克品牌推给目标受众。活动环环相扣，创意性和执行力都极强。

　　银奖作品《管子兵法》（见图 6-4）强调用药精准和"草药口味"这两个让家长喜欢的卖点，树立品牌形象，加深家长的认可和对品牌的依赖。

　　银奖作品《MOVE YOU：快克药业秋冬营销策划》（见图 6-5）利用线上线下相结合的模式进行整合营销传播，让人们真正地动起来，以增强品牌的知名度、提升企业形象，并进行品牌年轻化。

　　铜奖作品《年轻态，"快"人一步；健康化，"克"不容缓》（见图 6-6）一方面在致力于提高产品销售量和企业利润的同时，增强快克药业的美誉度；另一方面，打响快克药业的知名度，培育消费者的忠诚度。另外，让快克能够

第六章 策划案创意方法及案例解析

图 6-3
作品名称：《生活无所畏惧》
创意思想：作品精准地根据"80 后""90 后"的特性，选取与之性格相对应的勇气与活力，延伸出"生活，无所畏"的快克精神，旨在呼吁所有的"80 后""90 后"以积极乐观的态度面对生活，无惧困境。

图 6-4
作品名称:《管子兵法》
创意思想:作品的策划活动通过"抛砖引玉""知己知彼""攻心为上"三招,分别引出"关注熊孩子""了解熊孩子""陪伴熊孩子"。告诉家长教育好熊孩子的关键在于要学会关心孩子。

第六章 策划案创意方法及案例解析

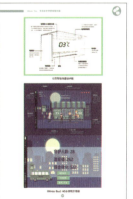

图 6-5

作品名称：《MOVE YOU：快克药业秋冬营销策划》

创意思想：作品以增强品牌的知名度，提升企业形象，并进行品牌年轻化，让快克成为年轻人信赖的、充满青春活力的年轻化品牌为目标。创新可行的营销活动，配合全方位的媒介推广。作品选择延续快克的理念，将药品的治疗转变为"锻炼身体，预防感冒"，提出"Move You"这一主题，通过三个活动，倡导年轻人"动"起来，让年轻人看到快克、分享快乐，在寒冷的秋冬解冻身心、增强体质、预防感冒。

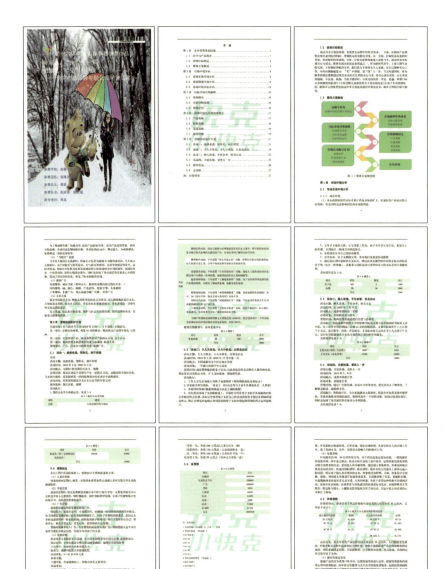

图 6-6

作品名称:《年轻态,"快"人一步;健康化,"克"不容缓》

创意思想:作为新时代青年,上有日渐年迈的父母,下有嗷嗷待哺的宝贝,将快克带回家,让自己能够安心工作,不用再期盼超能力,"克"不容缓,爱"快"人一步,当父母感冒时,作为晚辈的我们能够通过快克来表达对长辈的关心与爱,将关心落在实处,让长辈感到温暖,不寂寞、孤独;当孩子感冒时,小快克的快乐、可爱、童趣、草莓口味以及精准用药的设计让孩子不再畏惧吃药,能够开心地接受吃药这件事且快速地从感冒中恢复过来,减少父母的苦恼与担忧。

快速地进入家庭当中,通过快克来传播关心与爱意,使快克成为家庭必备药品之一。这样的策划能让目标消费者有代入感,从而能让快克快速地进入家庭中。

铜奖作品《快克品牌年轻化工程策划案》(见图6-7)风格轻快、洞察准确。和年轻人玩在一起,输出品牌理念,与消费者产生联系。营销活动能够提高快克的识别度,强化快克阳刚、快速、健康、积极向上的价值观,建立消费者的品牌联想。

图 6-7
作品名称:《快克品牌年轻化工程策划案》
创意思想:以情感化文案引起年轻人的共鸣,线上线下联动,依托020平台,选择年轻人喜欢的抖音短视频App跨界合作,使产品更精准化地传达,实现品牌年轻化工程。

铜奖作品《快"菌"一步,快乐无限》(见图6-8)洞察到有部分年轻人感冒两三天后才购买感冒药,那时候感冒已经加重,不得不吃药。作品致力于提醒目标消费者"服用感冒药的黄金时间"是在出现感冒症状时的8h内,服用快克可以阻止感冒的深度发展。作品将品牌的功效性表现得淋漓尽致,且营销活动带给目标消费者的品牌记忆点非常明确。

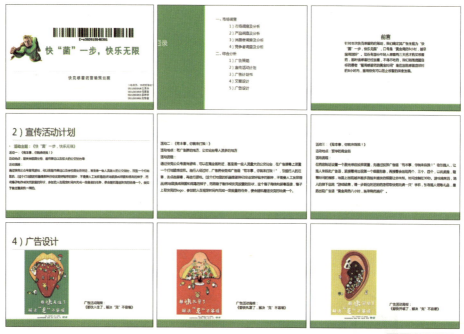

图 6-8
作品名称：《快"菌"一步，快乐无限》
创意思想：广告主题为快"菌"一步，快乐无限，口号是"黄金用药 8 小时，越早服用越好"。

铜奖作品《WE ARE SUPERMAN》（见图 6-9）洞察到一般感冒药的形象是温暖可靠的，像"999 感冒灵"，在这方面做得算是比较成功的。他们想避其锋芒，从快克感冒药外包装的超人形象入手，塑造一个在年轻人心中充满活力、自由、热血的感冒药。以感性诉求的方式成功地将消费者与品牌联系在一起，更好地建立起与年轻消费者之间的连接点。

铜奖作品《谁的青春不感冒》（见图 6-10）把感冒比作和青春一样都是人生中必须的经历，提出了"谁的青春不感冒"的理念。快克提倡积极向上的生活方式，不仅能在感冒时给予我们关怀，还告诉我们，有了快克的陪伴，你并不是一个人在战胜感冒。作品提倡和大学生玩在一起，输出品牌理念，与消费者产生联系。

第六章 策划案创意方法及案例解析

图 6-9

作品名称:《WE ARE SUPERMAN》

创意思想:作品提出"超人不是人,是一种精神"的概念,旨在重塑品牌。这样的创意能让快克在感冒药市场高度同质化的今天,塑造更有记忆点的品牌形象。同时,有利于提高产品的附加值,更有利于品牌的发展。

2. 活动营销策划案

一本优秀的策划案,少不了优质的活动,需要策划人具备两个基本素质:①策划活动的能力,可以理解为思考的路径、步骤及方式,是一种套路。②策划能力,指的是创意方向,是主观非套路的东西,如一个活动的具体创意。依据对近年学院奖中参加快克品牌的营销策划案的研究,来分析怎样的活动策划案能在数万份作品中脱颖而出。

金奖作品《快带我回家》(见图 6-11)包括以下三个活动。

活动一:"快克伴你平安回家"小黄帽捐赠活动。此活动虽落地性不高,但能提高快克品牌的知名度,梳理良好的品牌形象,与策划主题"快速安全把你带回家"的理念相呼应。

图6-10
作品名称:《谁的青春不感冒》
创意思想:作品从大学生的角度深入洞察,与大学生群体建立情感沟通,引导大学生群体在愉快中直面感官。

第六章 策划案创意方法及案例解析

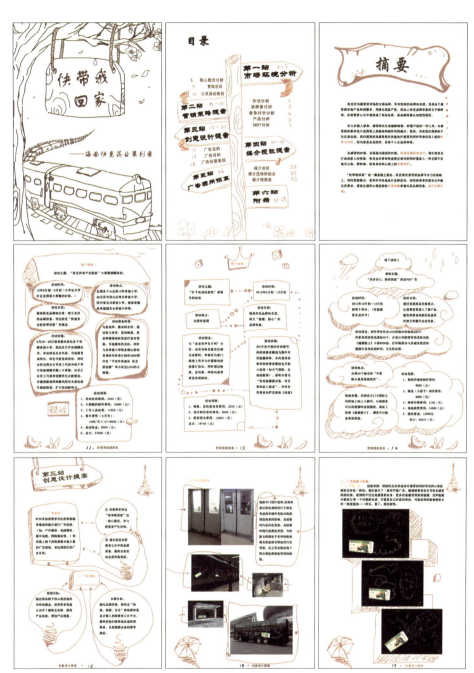

图 6-11

作品名称：《快带我回家》

创意思想：作品通过三个主题活动突出"快带我回家"的主题。

活动二:"打个电话回家吧"亲情号码活动。此活动旨在提高快克品牌的知名度,树立"温暖、贴心"的品牌形象。

活动三:"步步安心,陪你到家"药店 POP 广告。此活动通过直观产品的形象展示,让消费者更深入地了解产品,激发消费者的购买欲望,同时树立和提升企业形象。

金奖作品《一个感冒人的自白》(见图 6-12)包括以下两个活动。

活动一:"我的 100 米心情路"。此活动能够调动消费者的积极性,引发其参与体验快克安全快速抗病毒、带来绿色好心情的双重特点,增加快克与消费者的情感沟通,提高消费者对于快克品牌的喜好度。

活动二:"我的快乐户外运动"。加强了快克品牌与消费者的互动,最后快克药店的推广能够很好地增加用户的黏性。

金奖作品《剪·爱:小快克网络营销策划方案》(见图 6-13)包括以下三个活动。

活动一:"剪爱故事接龙"。利用时下最火的表情包传播,精准触达目标受众,好玩、有趣的活动能够吸引消费者的自主参与、主动创造。

活动二:"剪爱集结令"。为年轻的妈妈和孩子们创造一个互动平台,体现了品牌的情怀,拉近了与消费者的距离,增强了知名度。

活动三:"剪爱挑战杯"。线上线下相结合,创意市场活动,以体感游戏为载体,增加游戏趣味,扩大声量。

金奖作品《武林快传》(见图 6-14)包括以下三个活动。

活动一:"唯快不破,无影快手"。网约漫画师微博转载优秀作品作为利益点,吸引受众参与。

活动二:"唯快不破,无影快手"。在微博上发起抢红包的活动,分享好友即可抢第二次,能吸引更多的受众参与。当年抢红包活动大热,操作简单、门槛低、受欢迎程度高。

活动三:快闪活动。主要选址在一线城市,直达年轻受众,定位精准圈层。

第六章 策划案创意方法及案例解析

图 6-12
作品名称:《一个感冒人的自白》
创意思想:作品通过两个活动突出主题。

137

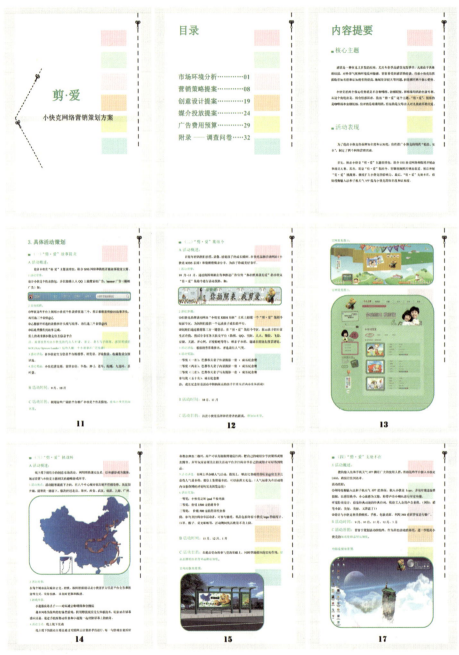

图 6-13
作品名称：《剪·爱：小快克网络营销策划方案》
创意思想：通过三个活动突出主题。

第六章 策划案创意方法及案例解析

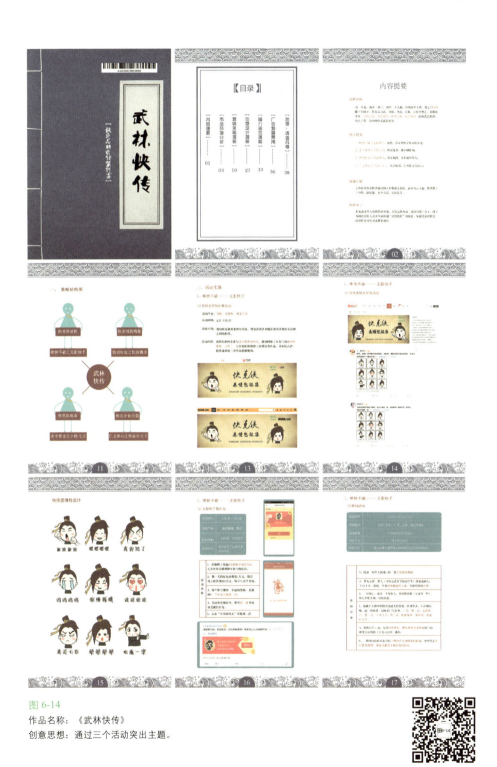

图 6-14
作品名称：《武林快传》
创意思想：通过三个活动突出主题。

金奖作品《37℃守候》（见图6-15）策划了线上活动，利用大学生的感性需求，用"时光机"吸引注意力，提高了快克的品牌知名度，随后推出的"守护包装"旨在告知受众快克"37°守候"的新理念。"跟屁虫App" 24h守候着消费者的身体健康，旨在加深品牌形象，突出快克健康、阳光的品牌调性。线下活动用两种趣味性游戏吸引大学生的积极参与，提高品牌知名度，带给大学生一个快乐、有活力的超人熊。快克带来了正能量，进一步加深了品牌形象。

金奖作品《生活无所畏》（见图6-16）包括三个阶段的活动。

阶段一话题引入，通过引入受众感兴趣的话题，与受众互动，拉近与受众的关系，潜移默化地将快克品牌推入人群。

阶段二形象塑造，与品牌形象一致的节目合作，增强快克的知名度并提高受众对快克的品牌形象认知。

阶段三巩固形象，通过与目标受众互动，增强受众对品牌形象的认知，使快克成为同类产品的首选。

铜奖作品《快克品牌年轻化工程策划案》（见图6-7）的第一阶段"情感篇"。借助毕业季热点，通过走心海报输出"毕业不慌"快点好起来这一概念，与文章主题相呼应。第二阶段"潮流篇"。跨界合作，快闪活动，线上快克+都因跨界，主题挑战赛玩出速度、玩出炫酷、玩出潮流，线下联合快闪活动，接力传递，二次传播。第三阶段"心机篇"。《我快我有理》创意广告视频精准化推广产品的卖点以及合作渠道，增加消费者的品牌认同感。与叮当快药采用线上下单、线下送货、上门跨界、合作解决感冒出门买药的问题，体现了策划者的细心洞察。

3. 粉丝营销策划案

以微博为代表的社会化媒体崛起，让粉丝营销从明星经济走向品牌营销，从虚拟世界走向现实世界。庞大的粉丝群体，往往能够带来巨大的能量。一个拥有粉丝群体的品牌，能轻易地活跃于年轻人的群体中。因此，粉丝营销也成为品牌年轻化不可缺少的一部分。

图 6-15
作品名称:《37℃守候》
创意思想:37℃代表健康, 37℃也是快克无微不至的守候。大学生消费群体崇尚个性消费,作品用"时光机"吸引大学生的注意力,推出"四色守候"和"跟屁虫App",凸显快克24h守候健康的温暖形象。

图 6-16
作品名称：《生活无所畏》（1）
创意思想：通过话题和公益引起受众关注，通过受众的经历分享扩大话题的参与度和影响度，从而提高受众对快克品牌的认可。

打造一个能有自己忠实粉丝的明星不容易，打造一个能有自己忠实粉丝的品牌更不容易。传统企业只有通过品牌年轻化，将产品的粉丝通过某种方式转化为品牌的粉丝，才能将粉丝经济玩到极致。而这也就要求粉丝营销能在传统的营销方式上加以升华，从而做到用粉丝为品牌赋能。

粉丝营销不仅仅是依靠明星或者关键意见领袖（Key Opinion Leader，KOL）的粉丝进行营销，更多的则是借助品牌本身以外的其他一切能帮助品牌进行营销的力量，甚至可以培养品牌自己的粉丝。品牌社会化趋势正在发展，粉丝营销也存在着更大的发展机遇。

铜奖作品《爱"药"零误差》（见图6-17）精准洞察了父母的心理，抓住父母热爱小孩，力所能及地想把一切最好的都给小孩的心理，结合小快克精准用药的理念，提出爱"药"零误差的主题。借助社群以及粉丝营销，通过论坛为产品受众提供交流互动的平台，分享带娃的经历和感受。逐步深入消费者，最终与垂直用户产生共鸣，让用户成为快克品牌的粉丝，而不只是某产品的受众。

铜奖作品《愈家•逸家•生活家》（见图6-18）用科学用药理念呵护万千家庭，从而达到"涨粉"的目的，这是作品的核心诉求。线上与线下联动，公益与营销结合，从多个角度贯彻核心理念，有针对性地解决受众问题，让受众变为品牌的粉丝，使小快克成为他们日常生活中不可或缺的一部分。

金奖作品《一个感冒人的自白》（见图6-12）以独特的第一人称视角展开描述，在众多作品中独树一帜，为评委们带来全新的体验。精准定位产品与活动目标，在洞察到快克品牌需要形象升级之后，立即提出解决方法，立足产品的功能诉求，诠释绿色品牌内涵，把功能核心引渡到品牌价值层面。以消费者为导向构建社区，利用整合营销进行品牌推广，线上线下联动，关注热点事件，注重二次甚至多次传播。新媒体与传统媒体结合，运用口碑营销传播，向受众传递核心价值，提升消费者的品牌忠诚度，最终形成强大的粉丝群体，助力快克的品牌建设。

铜奖作品《不一样的LV》（见图6-19）线上运用社会化传播媒体，引导人们养成健康、绿色的生活方式，灵活利用各种媒介，聚焦特定群体，以游戏的方式进行精准营销，并构建社群，通过一系列的线下活动，逐步深入培养品牌粉丝，利用公益活动的开展增加一部分潜在用户，树立良好的企业形象，使小快克专业儿童药的理念深入人心。

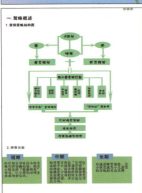

图 6-17

作品名称：《爱"药"零误差》

创意思想：满足父母爱孩子心理的同时，突出小快克精准用药的理念，让小快克深入人心，活动部分通过一系列的亲子游戏以及互动过程，不断地让品牌露出，传递核心理念。

第六章 策划案创意方法及案例解析

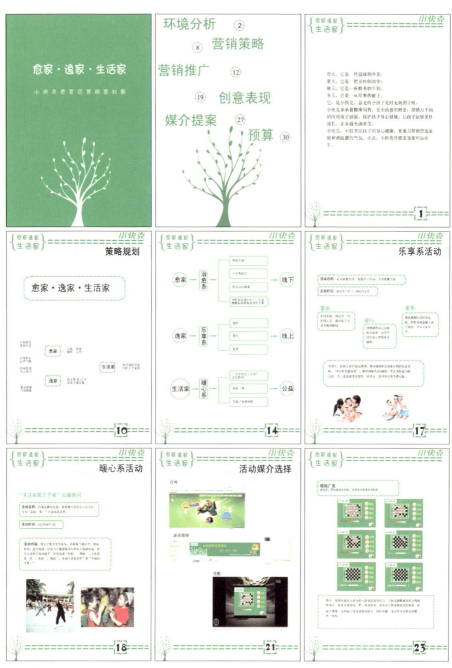

图 6-18
作品名称：《愈家·逸家·生活家》
创意思想：作品旨在通过小快克帮助营造家庭和谐、温馨的氛围，精准洞察年轻父母不能平衡工作和家庭的问题。但要从根本上解决问题，还得解决孩子的生病问题，从而解决家庭矛盾，让小快克变身为维护家庭和谐的良药，让父母通过小快克变身为会生活的艺术家。

145

图 6-19
作品名称：《不一样的 LV》
创意思想：作品根据现代人追求高品质绿色生活的心理，结合快克绿色感冒药品牌提出"不一样的 LV"，LV 既代表绿色、健康快克的品牌，又代表一种高品质的生活方式。精准传递快克"绿色安全，高品质精准药"的理念，使其深入受众内心，形成多米诺骨牌式的传播效应。

金奖作品《剪·爱：小快克网络营销策划方案》（见图 6-13）以小快克的精准用药诉求为基准，开展网络营销策划。在分析小快克当前面临问题的同时，从小快克分隔包装这一卖点出发，结合情感诉求，传递小快克安全精准用药、给予孩子关爱的品牌价值观。灵活运用社会化媒介，构建社群，培养粉丝群体。开展系列活动，从微博故事营销到"剪·爱集结令"，最后到挑战赛。从小群体入手，策划了一系列线上线下联合紧密的社会化营销活动，让消费者成为市场活动的主体，持续扩大小快克的影响力，提高品牌的知名度和认可度。激发消费者的积极性和购买欲，培养精准用药、安全用药的意识，帮助树立小快克鲜明的品牌形象，使得小快克成为孩子感冒时妈妈们最钟爱的品牌，让妈妈们都变成小快克的粉丝。

铜奖作品《妈妈说》（见图 6-20）利用消费者需求，结合小快克线上线下销售渠道，与目标群体近距离交流。小众传播中，通过专家、明星妈妈、身边榜样等意见领袖的话语权使得"妈妈说"概念成为主流思想，从而获得认同。在提升品牌销售力的同时，也吸引了一大批小快克的忠实粉丝。同时，整合受众意见，及时反馈，做到精准营销和垂直营销，最终打造小快克"移动医生妈妈"的形象，增强用户黏合度，延续活动影响力，根植品牌调性。

铜奖作品《侠客》（见图 6-21）中的"侠客"是作品赋予小快克的新形象，旨在通过快克，让新手父母变身成为育儿高手，并以此精神来搭建小快克与年轻父母之间的桥梁，结合 O2O 营销战略开展一系列的整合营销。新媒体互动营销与线下沉浸式体验营销相结合，使得快克品牌形象深入消费者的心智。通过网络社群建设，传递和交流育儿知识，培育快克的粉丝社群。KOL 助力活动传播，借助目标群体偏好的网络综艺，找寻垂直用户，精准定位目标消费群体，提升品牌热度，增加曝光度，从而达到品牌年轻化的目的。

金奖（实战大奖）作品《生活无所畏》（见图 6-22）利用粉丝的力量寻找合适的 KOL 以及社会化媒介进行主题传播，增加品牌的曝光度。借势赞助现象级综艺，找到垂直用户群体，实现粉丝共享，增加品牌的好感度。深入小众文化圈层，挖掘用户需求，构建自身粉丝群体并与受众产生共鸣，实现品牌的年轻化战略。

图 6-20

作品名称：《妈妈说》

创意思想：面对小儿感冒药市场的同质化特征和名人形象化特征，作品以"抽象"的妈妈形象成为感冒药市场的意见领袖，培养自己的粉丝群体。基于策划主题，结合大众媒介、专业平台小众圈子、明星的媒体影响力和粉丝群体扩大品牌知名度，使品牌形象深入人心。

第六章 策划案创意方法及案例解析

图 6-21

作品名称：《侠客》

创意思想："侠克"意为"侠客"，"侠"有帮助之意，也是一种精神，"克"有战胜与克服之意，同"侠客"的"客"字的同音，代表快克形象的同时，赋予产品一种"侠客"形象。"侠克"针对目标消费者有点迷糊、有点顽皮的特点，在给消费者带来健康、快乐的同时，还与目标消费者建立起情感共鸣。

图 6-22
作品名称:《生活无所畏》(2)
创意思想:"无所畏"的快克精神,是本作品新赋予快克的精神,是一种积极、果敢的生活态度,旨在与年轻人产生共鸣。找到与年轻人的沟通元和媒介触点,触发年轻人的兴趣点,与年轻人进行有效沟通,将受众潜移默化地培养成为快克的粉丝。

银奖作品《小超熊的抗感之旅》（见图 6-1）以小超熊的抗感之旅为主题，打造小快克分隔包装、精准用药、快速抗感的品牌形象，以话题营销、微信运营、平台引流等粉丝营销方式，线上线下紧密结合，推进小超熊与全家人之间的互动，最大化地突出小快克精准用药的品牌优势。利用话题营销，拉近品牌与受众、受众与受众的距离。通过社会化媒体运营，为品牌沉淀粉丝力量、活跃粉丝群体、扩大品牌优势、提高品牌知名度。利用整合营销，在短时间内增加品牌的好感度，可谓一举多得。

铜奖作品《快克品牌年轻化工程策划案》（见图 6-7）主要针对年轻人开展活动。通过对快克的精准洞察，找到了与之对应的垂直用户——年轻人，并以情感化文案建立与年轻人的沟通元，找到媒介触点，引起年轻人的共鸣。借助 O2O 平台，线上线下联动，选择年轻人喜欢的社会化媒介进行营销。跨界合作、精准传达，传递品牌理念，实现品牌的年轻化。适时利用 KOL 的力量，带动其原有粉丝，开展抖音挑战赛，大大地提高了品牌的曝光率和话题度。双微运营，细分目标消费群体，实现精准化传播，增加消费者的品牌认同感。

银奖作品《小超熊的抗感之旅》（见图 6-1）以"小超熊的抗感之旅"为创意基点，打造小快克全新的创意营销策划案，以话题营销、微信运营、平台引流为主，由"小超熊的抗感之旅"微博话题、"能歌善舞的小超熊"线上引流、"熊爸熊妈熊宝宝"微信创意作品征集，线上线下紧密结合推进小超熊与全家人之间的互动，以矩阵式推广最大化地突出小快克精准用药品牌优势的同时建立用户原创内容（User Generated Content，UGC）入口，引发受众对小快克的关注，用创意十足的营销推广节奏，打造快克品牌的年轻化。

铜奖作品《快"菌"一步，快乐无限》（见图 6-8）以"快'菌'一步，快乐无限"为主题，口号是"黄金用药 8 小时，越早服用越好"。作品通过创造快克与年轻消费者的沟通方式，传递健康的生活价值观、积极向上的理想价值观，通过一系列的活动提醒目标消费者尽快用药，阻止感冒的深度发展，符合年轻人的传播节奏，使得年轻的消费者愿意去了解快克产品并且购买，实现了快克年轻语言的输出。

铜奖作品《谁的青春不感冒》（见图6-10）以"谁的青春不感冒"为核心策略，以"感冒，我们都一样"为传播广告语，旨在与大学生群体建立情感沟通，提倡小快克积极向上的生活方式，传递"感冒就像青春一样，都是人生中必然经历的"的情感价值，主张大学生不要讨厌感冒，贴合大学生的诉求，与快克一起以乐观的态度战胜感冒，借助媒体传播引爆话题，持续贯彻感冒的趣味性，最后落到App游戏，利用一系列的创意策划活动，实现快克整体调性的青春化。

金奖作品《37℃守候》（见图6-15）以"37℃守候"为主题，37℃代表健康，活动围绕守候健康开展。用"时光机"吸引消费者的关注，引发守候话题，后期推出"守候包装"以告知产品的新定义，吸引消费者购买，同时推出快克App（跟屁虫App），以巩固品牌形象。线下活动则针对大学生爱玩的心理，让大学生积极参与"来跟超人贱唠唠嗑""找回温度——献爱心"活动，加深快克健康、活力、阳光、快乐的品牌调性，同时进一步扩大消费人群，提高产品的销售额，以情动人，巩固目标受众对于品牌的忠诚度。

铜奖作品《快，立克出发》（见图6-23）让大学生了解快克健康、活力、积极向上的调性，层层递进，加强目标群体对品牌的好感度，传达一种不浪费青春、敢想敢做、立刻行动的生活态度，采用有针对性的媒介宣传手段，吸引目标受众参与活动，建立快克品牌与年轻消费群体的沟通方式，提升品牌的影响力。

铜奖作品《侠客》（见图6-21）通过对年轻父母与孩子之间关系的洞察，提出了一个核心主题策略——侠客。赋予小快克"侠客"的形象，通过解决孩子的感冒发烧问题，让孩子信赖、喜欢上小快克，同时也解决了"小迷糊父母"不会照顾孩子的问题，丰富了他们的育儿经验，让他们变身成为会照顾孩子的"大侠"。通过解决孩子的感冒问题，塑造小快克"侠客"的形象，得到消费者的信任，以此建立小快克和消费者之间的感情链接，扩大品牌和产品的知名度和影响力。

第六章 策划案创意方法及案例解析

图 6-23

作品名称：《快，立克出发》

创意思想：以"快，立克出发"为创意主题，结合治感冒快速出击的产品理念，针对大学生群体，结合线上活动鼓励大学生说出自己的心声，并从校园活动鼓励立刻行动。

铜奖作品《准，备好了》（见图 6-24）通过"超熊勇探险"系列活动将其精准用药的形象传达给消费者，通过与消费者的互动提升品牌影响力，塑造小快克独具创意的品牌形象，输出小快克年轻化的时代语境。

金奖作品《剪·爱：小快克网络营销策划方案》（见图 6-13）以"剪·爱"为核心主题，剪掉的是咖啡因和金刚烷胺，剪开的是精准用药，剪出的是父母亲人对儿童浓厚的关爱。基于对感冒病症以及产品本身的洞察，层层递进，制订了 3 个网络营销活动：①推出小快克"剪·爱"主题表情包，联合社交网络开展故事接龙大赛。②策划"剪·爱"集结令，之后开展挑战赛，继续扩大小快克的影响力。③"剪·爱"无处不在，借助搜狗输入法和手机天气 App 提高小快克的知名度和认知度。

金奖作品《武林快传》（见图 6-14）以"武林快传"为创意基点，通过导入"快侠"的新形象，以四大招式为创意形式，丰富品牌形象，通过线上为主、线下为辅的宣传方式来全面传播"武林快传"的概念，通过一系列好玩、有趣的创业活动增加消费者对品牌的好感度，最后落到"快侠来了"这款全民互助的 App，以快克之名弘扬社会正能量，加强受众对快克品牌的美誉度以及忠诚度，得到了消费者的信任，扩大了品牌和产品的影响力。

铜奖作品《快克感冒药策划案》（见图 6-25）推出微信小贴士、新浪微博话题抽奖、与 App 合作线上联动、线下推出一系列有趣的创意活动，将快克的产品特性有效突出，以吸引年轻消费群体的关注，引导消费者在快乐、轻松的氛围中高效治疗感冒，用创意十足的活动推广、打造快克形象的年轻化，扩大品牌的知名度与美誉度。

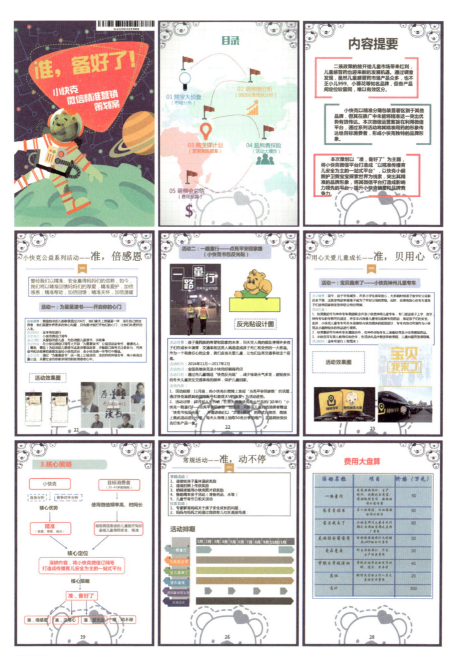

图 6-24

作品名称：《准，备好了》

创意思想：以"准，备好了"为主题，以极具创意的理想包装将小快克微信平台打造成"以精准传播育儿安全为主的一站式平台"，以快克小超熊护卫熊宝宝探索世界为线索，突出其精准的品牌形象，将其微信平台打造成有影响力、领先的平台，以此提升小快克的销量和品牌竞争力。

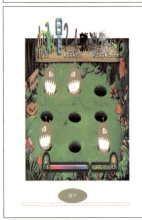

图 6-25
作品名称：《快克感冒药策划案》
创意思想：以"你感冒？就消失！"为主题，利用谐音以及打地鼠游戏的特性突出药效快速的特点，经过对感冒药市场的分析，得出快克感冒药"快速、绿色"的特点。

第七章
文案创意方法及案例解析

导　语

　　经典文案可以流传百年，也是让消费者最值得记忆的点。试想一下，雀巢咖啡的广告画面，你记住了吗？但是"味道好极了"这句广告语却成为了经典。恒源祥的广告画面，你记住了吗？但是"恒源祥，羊羊羊"却成为了流行经典。快克的广告语从最早的功能性诉求"抗病毒，治感冒，用快克"到现在的"感冒快克，快快乐乐"，你记住了吗？文案简单，功力却不一般，同学们的创意文案，让品牌感动，让品牌有了温度。

第一节　好文案的特征

文案就是以文字来表现已经制定的创意策略。文案不同于设计师用画面或其他手段的表现手法，它是一个与广告创意相辅相成的表现、发展、深化的过程。

什么是好文案，能打动人心的文案就是好文案，能传承下来成为经典的文案就是好文案，如"味道好极了""怕上火，喝王老吉""人民有信仰，民族有力量，国家有希望"。快克参加学院奖很多年，从功能性广告语来看"抗病毒，治感冒，用快克"也是好文案，让年轻的大学生们记住了好多年，后来品牌升级，从情感角度选用"感冒快克，快快乐乐"为广告语。好的文案要具备以下基础特征。

1. 准确规范，点明主题

准确规范是对文案最基本的要求。要实现对广告主题和广告创意的有效表现和对广告信息的有效传播：①要求广告文案中的语言表达规范完整，避免语法错误或表达残缺。②广告文案中使用的语言要准确无误，避免产生歧义或误解。③广告文案中的语言要符合表达习惯，不可生搬硬套，自己创造词汇。④广告文案中的语言要尽量通俗化、大众化，避免使用生僻以及过于专业化的词语。

2. 简明精炼，言简意赅

文案的文字要简明扼要、精练概括：①以尽可能少的语言和文字表达出广告的精髓，实现有效的广告信息传播。②简明精练的广告文案有助于吸引广告受众的注意力并迅速记忆广告内容。③尽量使用简短的语句，防止受众因语句过长而反感。

3. 生动形象，表明创意

文案中的生动形象能够吸引受众的注意，激发他们的兴趣。国外的研究资料表明，文字、图像能引起人们注意的百分比分别是 35%、65%，文案创作采用生动活泼、新颖独特的语言的同时，辅以一定的图像，效果更佳。

4. 优美流畅，上口易记

文案是广告的整体构思，对于由其中诉之于听觉的广告语言，要注意优美、流畅和动听，使其易识别、易记忆、易传播，从而突出广告定位，很好地表现广告的主题和创意，进而产生良好的广告效果。同时，也要避免因过分追求语言和音韵美，而忽视广告主题的问题。

当然，在广告文案的设计当中，仅了解文案的特征还不够，因为创意也是非常重要的，有的同学为创意抓狂，有的同学为创意苦恼，创意到底应该如何表现出来呢？什么样的创意才更能够引起共鸣、博得眼球呢？历届学院奖关于快克的命题都备受关注，参赛的作品也非常多，为了有助于大学生们在参赛时拓展思维、不断创新，特别总结了第 13～16 届学院奖快克品牌主题的获奖作品，这些都是万里挑一的优秀作品，创意新奇、内容有趣，我们将其分为广告语、品牌故事和品牌段子三大类，对其进行整理和分析，希望能从中找到规律、找到方法。

第二节 文案的类型及案例解析

好文案可以流传几千年，从古诗词到现代品牌的广告语都有很多经典案例，看"95后""00后"大学生们写的文案有哪些不同呢？

一、广告语的创意方法和案例解析

广告最主要的作用是传播，好的广告语还能温暖人心、体现情怀。那些传播最广的广告语，都具备两个特点：①巧用修辞手法，如双关、夸张、对仗、拟人、谐音。②饱含真情。

中华文化传承数千年，博大精深，很多广告语都会借鉴中国传统文化元素，让人产生心理认同感。中国古典诗词是中华文化的精华，很多优秀的广告语也借用诗词的语言和意境，给人一种别样之美。例如，杏花村酒的广告语"借问酒家何处有，牧童遥指杏花村"，引用古典诗句，创造了一个美丽的广告意境。这种意境的营造能使受众对这种酒印象极深。

中国人是讲究人情的，很多公益广告因为充满了真情，令人过目难忘。例如，节水公益广告："请节约用水，否则地球上最后一滴水将是我们的眼泪。"虽然看起来夸张，但警示效果明显。还有一则公益广告如此表达："没有买卖，就没有杀戮。"旁边配以令人触目惊心的画面，深刻地揭示出屠杀动物的本质是利益驱动。

有些产品的广告语并不是一成不变的，而是随着社会的发展而发展。例如，农夫山泉20年前的广告语是"农夫山泉有点甜"，紧扣时代脉搏，深度契合当时中国人渴望"甜蜜"生活的迫切愿望。如今，它的广告语变成："我们不生产水，我们只是大自然的搬运工！"改革开放以来，经济快速发展，同时带来不少生态和环境问题。如今人们更关心食品安全，新的广告语很好地迎合了消费者的诉求，颇受欢迎。

由以上分析可见，广告语要取得成功并被人们广泛接受，除了要在遣词造句上下功夫之外，还要营造出良好的意境。这种更为深广的意境美才是受众记住它并且接受它的最重要因素。

学院奖中大学生们的参赛作品中也有非常多的优秀作品，分析这些获奖作品产生、创作的逻辑，我们可以洞察到让品牌年轻化的方法。

文案1：快乐不分大小，快克得分大小

创意思想：通过谐音词语、幽默故事等，用简短的语句，直接明了地表达快克的特征，使得产品或品牌创意更加通俗易懂，丰富多彩。

前半句用快乐来起笔，从侧面来表达感冒的人在服用了快克感冒药后，感冒就会有好转，人就会变得快乐。这条文案前后呼应、通俗易懂，让大家都可以明白它想要表达的深层含义。

文案2：多一分有害，少一分无效，爱就该斤斤计较。小快克儿童感冒专家，让爱不差分毫

创意思想：文案的重点是在强调快克的产品故事——2008年，为了解决精准用药的问题，更好地提升消费者的使用感受，小快克儿童感冒药0.5袋分隔包装全面上市，宣布儿童精准用药时代的到来。小快克成为国内第一家使用半袋包装的厂家，针对不同年龄段、不同体重的儿童，小快克设定了不同的用药量，帮助家长轻松解决了以前只能凭主观判断孩子用药剂量的困扰。现在，爸爸妈妈们只需对照自己宝贝的年龄，就可以精准地掌握用药剂量。

近年来，药品事故层出不穷，其中用药不规范为主要祸因。相信每个人最关注的就是健康问题，尤其是家长在给小孩子用药时，更要谨慎小心。由于儿童时期各个器官尚属发育阶段，对药的敏感性和耐受性比较差，用法、用量需十分注意，很多婴幼儿感冒药需要半包服用，单纯地凭感觉划分的剂量很不准确，剂量小了不能有效地治病，剂量大了则可能产生毒性反应影响身体健康。

文案很直白地告诉大家小快克是有大小之分的，可以让妈妈们了解到精准用药的重要性和小快克贴心的分隔包装设计，也可以向妈妈们传递安全用药的重要性。同时也体现出了快克相比别的药物更注重用药规范，该企业是良心企业。

文案用了非常恰当的成语"斤斤计较"，来对应的"多一分有害，少一分无效"，强调了小快克感冒药的精准用药，同时也提到了爱，让你吃感冒药的人，或者送你感冒药的人都是爱你的，爱要斤斤计较。后半句再一次提到了爱，"小快克儿童感冒专家，让爱不差分毫"。这样的广告语就很容易让人产生情感共鸣，生活化、情感化的创意表达使这条文案大放异彩。

文案3：快克，有效才有笑

创意思想：这条文案重点突出快克感冒药的产品性能——有效，而且很巧妙地运用谐音词语"有效"和"有笑"，诠释了服用快克感冒药对感冒很有帮助，以及感冒有所好转后，人会变得开心。

在我们日常所见的广告语中，最常见的就是运用谐音词语了，如"骑"乐

无穷（某摩托车广告语）、一"明"惊人（某眼病治疗仪广告语）、天"尝"地"酒"（某酒类广告语）、无"胃"不至（某胃药广告语）、"食"全"食"美（某酒店广告语）、"咳"不容缓（某止咳药广告语）、"闲"妻良母（某洗衣机广告语）、默默无"蚊"（某杀蚊剂广告语）。不是言在此而意在彼，而是把原有词义和产品相关的新意巧妙地糅合在一起，加大语义的信息量，拉近产品与消费者的距离，达到推广的目的。谐音隐喻作为一种常见的修辞手段，在广告的创作中起到了"画龙点睛"的效果。谐音能产生诙谐、幽默能产生愉悦，它符合现代人寻求心态松弛的精神追求。不过，在运用谐音词语表达幽默的同时，也要有所选择和针对，如幽默方式在旅游、餐饮、药品等方面可产生良好的促销效果，但若运用于高理性的产品，如保险、资产投资等方面，则会降低产品的理性和可靠度，从而使广告与品牌个性格格不入。

文案4：快克，从不缺席你生命中的每一次感冒

创意思想：快克，从不缺席你生命中的每一次感冒，也就是说，快克感冒药可以陪伴你从儿童时代到成人时代，这也从侧面表现出快克感冒药有儿童专用和成人专用，可以不缺席你生命中的每一次感冒。这条文案还有带有个人情怀，曾经在参加一场讲座时，教授问台下的同学，有哪个品牌的产品是你一直使用，并且以后也一直会使用的？台下的同学们很积极地站起来讲他们的故事，某品牌零食、某品牌电子产品、某品牌水杯等。这条文案的创意一语双关，与产品的契合度也很高。

"从不缺席"这个词语也用得很好，其实"从不缺席"这个词语我们在网络上经常可以看到，如"正义只会迟到，从不会缺席"（某公安局宣传语）、"真相会迟到，但从不缺席"（某侦探破案电影宣传语）、"梦想从不缺席，精彩值得期待"（某选秀节目总决赛宣传语）。这些宣传广告语都写得非常好。在互联网飞速发展的当下，我们应该紧跟时代热点，获取精华、活学活用，在详细了解品牌产品的需求后，要学会与流行挂钩，想到独一无二的创意。

文案5：草莓小快克，再也不会苦了你！

创意思想：这条文案是专为草莓口味的小快克儿童感冒药量身定制的。小

快克儿童感冒药从研发开始就严保品质，立足于儿童，特别研发的、适合儿童的专用感冒药。独特的草莓口味，解决了儿童吃药难的问题。"小快克"药物颗粒溶液为橙色，口味为草莓味，色彩与口感俱佳，符合儿童口感。

宝宝在生病期间，最心疼的就是家长了，同时让他们头疼的事情也一定是给宝宝喂药。喂药时，家长肯定会想尽各种办法，转移宝宝的注意力来给宝宝喂药。这条文案很直白地告诉家长们：小快克有草莓味的，并且不苦，且服用方便，让生病期间的宝宝吃药不再是难事，告别捏着宝贝鼻子灌药的过去。在这点上，小快克为妈妈们考虑得很周到，草莓味的口感，让每一个宝宝都喜欢，让"良药不再苦口"。

这条文案的成功之处就在于很用心、走心。这条文案通俗易懂，用简短的12个字就把草莓味的小快克感冒药的优点表现出来，使得广告和产品很完美地连接起来。

文案 6：精彩无极限，感冒不再见

创意思想：文案虽只有短短 10 个字，但却包含了作者的创意。文案押韵，读起来很顺，完全不绕嘴。后半句"感冒不再见"对应前半句"精彩无极限"，正是因为没有感冒困扰我们的身心，我们的生活就会因此多一些精彩。值得一提的是，这里的"再见"不是道别时的礼貌用语，"不再见"也就是不期望再次见面的意思。"不再见"表达了对于感冒一种很决绝的态度，而且每一个感冒的人都会很急切地希望感冒快点好起来，并且以后都不要再感冒。没有感冒的人，家里也一定会备有感冒药，当然也一定是希望自己不要感冒。文案会给人一种美好祝愿的感觉，不要感冒，生活精彩。从这个意义上来讲，大家肯定会抱有美好的祝愿，从而去购买快克感冒药，吸引大众，提高品牌的销量。

前面提到"押韵"，接下来我们就稍微来了解一下什么是"押韵"。押韵，又作压韵，是指在诗文的创作中，在某些句子的最后一个字，都使用韵母相同或相近的字，使朗诵或咏唱时产生铿锵和谐感。诗词歌赋中，采用押韵会使音调和谐优美，同时也要注意：①忌重韵。即同一个韵字在一首诗的韵脚里重复出现。②避免同义字相押。例如，尽量避免一首诗中同时使用"花""葩""芳""香"

等韵脚。③避免出韵。古人写诗多依官韵,而许多我们认为是同韵的字在官韵中被分别列入不同的韵部之中,如"冬"与"东"之类,如果在同一首诗中相押,即为出韵。

文案7:"多喝水"是前任该说的话,"送快克"是现任该做的事,聪明人用感冒检验感情

创意思想:这条文案紧跟时代潮流,在做广告宣传的同时,还告诉男生,在女生生病时该如何照顾她们,也是很实用了。

"'多喝水'是前任该说的话",就运用到了网络上很火的、经常拿来提醒男生在女生感冒生病时不要犯错误的段子:(女)我感冒发烧了,(男)多喝水;(女)我胃疼,(男)多喝水;(女)我来大姨妈了,肚子疼,(男)多喝水。其实女生在这些时刻,最需要的是男生的安慰和照顾,如果男生说"多喝水",无疑就是"送命"啦。所以在这条文案结束,作者很幽默地写道,"多喝水"是前任该说的话。那么,一个优秀的男朋友应该怎么做呢?下一句给出了答案——送快克,然后用"聪明人用感冒检验感情"来结束,也是一种高情商的表现了。

这条文案运用了当下网络时代的潮流用语,前面也提到过,在互联网飞速发展的今天,我们一定要紧跟热点,学会运用热点词汇,而不是只跟着网络凑热闹,热点过了,也忘了那些我们需要记忆、学习的东西。

文案8:"感冒"需要"克服","快乐"无须"克制"

创意思想:这条文案很巧妙地把"快克"这两个字拆分开来,又单独组成词语,构成一句话,"克服"和"克制"分别对应"感冒"和"快乐",这样的创意不是很常见,但是却足够吸引人。大家可以在文案创作中多钻研一下文字、词语、成语三者之间的某些微妙关系,然后创作出合适的、有趣的创意,最后写出一条成功的文案!

从受众人群来分析,这条文案更适合成年人。例如,对于要上班、学习、工作、健身的成年人,在感冒却又不能请假休息时,需要克服感冒,这时候就需要快克感冒药了。从这层含义上来讲,这条文案一定会与一部分成年人的内心产生

共鸣，从而实现快克感冒药的价值，使得该品牌深受大家的喜欢、信赖和支持。

文案9：感冒，我只服快克！

创意思想：这条文案简单霸气，也很有记忆点，给予"快克感冒药"一个很高的评价，在竞争者中脱颖而出。大家肯定都有过在药店纠结的经历，反复对比几种感冒药，不知道哪个效果好？不知道哪个副作用小？不知道哪个味道更好一些？这条广告语文案给人一种定心剂的感觉，"快克感冒药"会解决你的所有的担忧、顾虑。

从这条文案中，我们应该学习和思考的是，在创作文案时，应该用什么样的态度和语气表达情感才是最合适的，从而达到品牌的高度和深度，给品牌塑造一个良好的形象。日常生活中，我们应该有一双善于发现美的眼睛，多看书，有一定的文字功底，对文字有一定的敏感度，善于学习和记录，这样在创作时，就会有很多好的想法出来。

文案10：女神感冒送快克，否则哪来小快克

创意思想：这条文案很有记忆点，同样使用押韵表达出大家都能明白的深层含义，有尺度但是很适度。同时也提到了快克不同种类的感冒药，是很成功的一条文案。

那么，如何才能把握好文案写作的尺度呢？

首先，遵守规矩。不管发布在哪个平台，都要遵守品牌的规定，就像开车一样，必须先懂得或遵守交通规则，才能继续走下去。发布文章也好，给企业、品牌、产品做宣传也好，先要学习、了解、研究、揣摩、遵守所属平台的规矩、规定、制度等，如果做不好，一旦出问题，可能是非常被动的。所以，写文案、发布文章要先研究规矩。

其次，把握内在质量。要仔细地分析自己写的是什么，宣传的内容是什么，有没有价值，有没有营养，对读者有没有好处，对客户有没有好处，网民是喜欢的还是反感的，是有长期参考价值还是昙花一现的等。这些问题，都与文案写作的质量有关。

最后，要抓住眼球。从文案本身来说，绝不能是标题党，没有良好的内容

支撑的文章,没有真正价值的标题党,是虚无的、不长久的、走不远的。抓住眼球的工作,不是不能做,而是要把握尺度,想办法精准抓住消费者的眼球。

二、品牌故事的创意方法和案例解析

1. 品牌故事的创意方法

构造一些有意思的、多样式的故事片段,与品牌联系起来,从而提高产品的销量,打造良好的品牌形象和口碑。

随着社交媒体的发展,当今的内容营销进入了社交时代。社交媒体是依托于互联网数字技术组建的一种互动性平台,以微博和微信为代表,具有互动交流、聚合信息、响应需求等特点。在此平台中,消费者可以阅读、查看信息,进而参与评论,或者加入与其他用户关于该信息的讨论中,甚至在后续再编辑创作这些信息。品牌依据这些信息与消费者联系,而这些信息从本质上而言则是品牌故事。

品牌故事的概念多元,其中囊括了品牌、营销传播、文学符号等概念。对品牌故事的研究,应立足于"故事"上,将品牌故事定义为企业通过塑造代表品牌形象的人物,采用生动且富有画面感的语言描述形成的一种富有时间和空间逻辑的事件记录。事件可以是真实的,也可以是虚构的,具有曲折性、冲突性、趣味性等特点。

由此可知,社交时代下,社交平台已经成为品牌故事传播的新高地,好的品牌故事现已成为企业打造品牌、传播品牌价值的手段之一。此外,社交平台具有开放性、互动性的特点,使品牌传播中消费者的被动接受变为互动参与,改变了传统品牌故事的叙事逻辑和传播之道。

研究界已经将目光从作者身上转向消费者,从研究作者意图到消费者的接收模式,阅读叙事也开始走进研究者的视野。进入社交时代,品牌故事文本叙事的可读性和易读性是需要考虑的两个因素。在微博平台的官方账号与消费者的互动中,一方面,通俗易懂的网络语言被恰当应用;另一方面,大量嵌入热点、语气视觉化的表情图像,进一步解构与颠覆品牌形象,与此同时也赋予品牌故事新的叙事意义。不仅能引起目标人群对品牌故事的阅读兴趣，降低了读者的解码难度，另一方面也奠定了文章的整体基调，这些对于增强文章的易读性起到了主要作用，实现了可读性和易读性的二者兼得。

美国学者安东尼·梅菲尔德将社会化媒体定义为"一种给予用户极大参与空间的新型在线媒体"，并将其特征总结为参与、公开、交流、对话、社区化和连通性六大特征。要讲好品牌故事，除最根本的内容以外，还应该考虑平台、受众或消费者的兴趣点，促使他们参与内容的讨论、传播甚至再创造，对故事进行延展扩散与深化，达到"参与""交流""对话"的目的，最后"社区化"，达到"连通性"。

只有消费者或受众在对品牌故事的阅读产生认同感时，其传播积极性才会提高，如品牌可以利用优秀的叙事之道，来让自己的品牌深入人心，究其根本，主要有以下三点原因。

（1）情感化的表达，情感化表达的核心是"情绪"和"人的形象"，以第一人称为标题，用讲述的形式，增进亲近感；同时，其中增加了许多表达情绪的词汇，如"吐槽""生气"等，引起情绪的对抗，调动受众或消费者的参与感。

（2）在进行品牌故事讲述时，以目标受众需求为导向，筛选符合其想象与可代入当代语境的故事。

（3）叙事融入。品牌故事除了需要受众融入其中以外，也应该融入时代。社交时代，营销特别是内容营销更应该关注的是目标人群。作为内容营销的代表，品牌更应该思考如何更好地进行"互动"的"融入"的问题。

2. 品牌故事案例解析

A品牌系列故事《我是妈妈，我用小快克》

（1）文案脚本。

1）系列文案之《我是"90后"妈妈，我用小快克》（出生篇）。

电影里说："当一个女人结了婚，有了自己的孩子，就意味着生活的终点，也意味着起点。"

还记得因身体变臃肿穿不下自己喜欢的衣服时的失落吗？

还记得隔着肚皮的他和你的第一次灵感碰触吗？

还记得分娩时迷糊而清醒的疼痛吗？

还记得他熟睡时将粉嫩的小脚丫对着你时的一脸安详吗？

记得感冒时他绯红得让人心疼的面颊，也记得"小快克"让他没有拘束地快乐奔跑。

失去和获得裹挟着，苦药与糖果掺拌着，这就是成为妈妈的滋味。

我是"90后"妈妈，我用小快克。

2）系列文案之《我是"80后"妈妈，我用小快克》（学语篇）。

她第一声迷糊而稚嫩的"妈妈"，

她学着你给她"呼呼"的样子给你"呼呼"。

她用你的口红把家重新装点了一遍，

她把吃不完的青菜喂给了不会说话的洋娃娃。

她的咳嗽声震荡着你的心房，

她的笑声因为"小快克"也变得悠扬。

她成长的样子刻在年轮里啊，你永远都记得。

气恼和快乐裹挟着，操劳与感动掺拌着，这就是成为妈妈的滋味。

我是"80后"妈妈，我用小快克。

（2）创意思想。这条文案运用了很新颖的模式来叙述一个故事。分为"出生篇"和"学语篇"，而且这两个片段格式一样，互相对应，让人感觉很整齐、很舒服。"出生篇"面对的主要群体是"90后"的新手妈妈，"学语篇"面对的主要群体是"80后"妈妈。就会让这部分群体看到这条广告文案后，心里有认可和归属感。这样的文案创意值得我们学习借鉴。

（3）作品点评。"出生篇"开头引用了电影里的经典语句"当一个女人结了婚，有了自己的孩子，就意味着生活的终点，也意味着起点"。之后连续用几个排比疑问句来勾起"90后"妈妈怀孕时的点点滴滴。然后用肯定做答，并联想到"小快克感冒药"让小孩子没有拘束地快乐奔跑。最后，"失去和获得裹挟着，苦药与糖果掺拌着，这就是成为妈妈的滋味"将主题进行了升华。

"学语篇"也运用排比句写出小朋友日常和"80后"妈妈互动的画面，相信这些画面会让每一个妈妈感到幸福快乐，而且也与"小快克"联系起来，点明了主题，最后仍旧升华中心，"气恼和欢乐裹挟着，操劳与感动掺拌着，这就是成为妈妈的滋味"。

B 短视频脚本"童年篇"

童年时，小快克是你难得一吃的"糖"。长大后，快克是你在家人感冒时递的"糖"。

（1）短视频脚本。

片段一：小男孩感冒了，坐在客厅沙发上看电视，桌上摆着药，可是小男孩怎样都不肯吃，父亲灵机一动，做着超人的姿势，手里拿着药，逗孩子吃下小快克，然后把孩子背起来玩闹。

片段二：长大后，老父亲感冒了，看着电视里放着的快克广告，一直咳嗽，儿子递给他快克和水。父亲说："现在我不能让你骑脖子喽。"儿子说："现在，我是你的超人！"

（2）创意思想。这条文案不仅是一则广告脚本，也是一个温情的故事，通过讲述小时候父亲想方设法假扮超人喂"我"吃药，长大以后"我"给父亲递药、做父亲的超人这样的故事来展现感人的父子情，体现爱的传承。快克作为一个重要的角色——爱的承载者和传递者，在这篇小故事中展现了自己的重要作用。

小时候，爸爸为了让孩子吃药，假扮超人，逗他吃药，吃了药病也好了，那时候爸爸是孩子心目中的英雄。长大后，爸爸老了，背不动孩子了，自己生病了也不想着吃药，这时，孩子变成了超人，开始保护爸爸，关爱、照顾爸爸。

爸爸是超人，孩子也是超人，因为他们都在用爱保护着自己爱的人。

快克是超人，小快克也是超人，因为快克是用爱守护着所有生病的人。

生活中，父亲一般都不善于表达爱，他只是默默地付出，默默地撑起一个家，而孩子在成长的过程中很容易因为沟通不到位而忽视父亲的爱，也不敢表达自己对父亲的爱。在这则文案中,快克就是一个爱的承载者,包含着父与子之间浓浓的爱,一句"我爱你"他们或许说不出口,但是当快克在他们的手中传递的那一刻,就都明白了。

(3)作品点评。爱是相互的,用快克来感知。小快克是你难得一吃的"糖"。长大后,快克是你在家人感冒时传递的"糖"。爱不会变,快克也不会变。不管时光是快还是慢,父亲是年轻还是老去,孩子是幼小还是长大,这份爱是不会变的,只是从前父亲是孩子的超人,现在孩子是父亲的超人,但是,父亲永远是守护着孩子的大山,就像快克永远是家中必备感冒药的首选一样。

这篇脚本思路清晰、格局合理,小时候、长大后两个时间点对应,有对比有参照,容易引发消费者的共鸣,触动心弦,赋予快克超人的形象,保护家人,传递关爱。

三、品牌段子的创意方法及案例解析

段子贵在"无法",出奇制胜。不过在挥毫前,掌握一些经典招式仍将有所助益,和一切有关感受的标准一样,对幽默的体验也是高度主观的。每个人的笑点高低不一、区域有别。不过,众口难调之中,却又有一些共通的地方。

1. 8个创意关键词

关键词1:夸张

夸张几乎是一切戏剧性、喜剧性的来源。艺术何以成为艺术?无非是在日常生活上添油加料。任何事物以略微不同于我们一般认知的模样出现,都会在吸睛的同时自带喜剧效果。例如,IKEA在2011年的一则30s广播广告:一个孩子在镜头前分享自己的假期生活,稚嫩的嗓音,两句话却不离脏字儿。为什么呢?因为放假时爸妈在家里自己装厨房!费劲的安装让大人忍不住咒骂,小孩子在一旁也就学会了这些说法。贴近生活,却又有小小的夸张,令人忍俊不禁的同时,也记住了IKEA提供上门安装服务的信息。

关键词2:反差

反差和夸张往往不分家,把小事说大,把大事说小,都能博人一笑。

例如，德芙星河牛奶巧克力经典系列广告"Sorry, 1 was eating a Miilky Wey"：不同的场景下，人物把事情弄砸，只因为沉浸在星河的香浓美味中。甚至一向爱妻的丈夫，吃上星河都会忘记去发廊接老婆，不得不写一篇长长的检讨。诚挚认错的声音，和萌萌的犯错理由形成反差，令人喷饭的同时，让人更向往这款巧克力的香甜。

关键词3：出人意料的重复

"3"是个神奇的数字，我们说"事不过三"，"3"也是制造戏剧感的理想结构。其基本操作是，用前两句话给消费者暗示一个方向，然后第三句话话锋一转，用预期的被逆转带来戏剧效果。或者三句话倾向于一致，但一个比一个惨，在程度的递进中抖出包袱。

关键词4：有趣的音节

这跟语音学有关，很多专业段子手也都善于运用这一技巧。中文也有自己的规律，大家可以好好地发掘一下。

关键词5：一定程度的"性"和黑色幽默

这个不用多说，用调侃的方式触及社会略有禁忌的话题，给遵纪守法的宝宝们一个释放"本我"的机会。当然啦，要注意"度"，可别弄巧成拙！

掌握以上5点，已经初具搞笑之"术"。若想继续"打怪升级"，步入"绣口一吐，绝倒一片"的佳境，则还需以下"道"的修炼。

关键词6：偷师喜剧人

不要妄图一开始就能出口成章，下笔成父段，高手也是从模仿开始的。建议广告人可以多见识、了解出色的喜剧演员，揣摩人家是如何抖包袱、如何把握节奏、如何制造笑点的。从有意识的模仿、借鉴开始，慢慢找到属于自己的声音，乃至开创自己的独门绝技。当然，同行的优秀作品，也可以拿来反复分析、研究、学习。

关键词7：谨记"用进废退"

搞笑的技能和你身上的肌肉一样，用进废退。一段时间疏于练习，整个人就会紧绷起来，灵感远去，面目遂严肃可憎。因此，你需要每日有意识地来锻炼它。无论是读报纸、看新闻，或者走在路上，多注意身边有哪些有趣的点，是否可以在文案中用到；或者看起来很普通，但你却有办法把它加工成一道美馔。多观察、多思考、多发现，在真实生活的基础上夸张 10%，是屡试不爽的构思法则。

关键词 8：放空自己

有趣的东西是放松的、是游刃有余的。对于创作者来说，固然有最后期限之剑悬于头顶，却还是得有羽扇纶巾的气度、举重若轻的胸怀。抓耳挠腮、闭门造车，效果存疑。更好的办法是打开自己、拥抱世界、汲取天地精华，方能邂逅"有趣"。思路不通时，不妨放一放，给思想一点时间，让潜意识帮你找到更好的方法。很多的时候，睡上一觉，灵感可能就来了。

孩子们常常说出或做出让我们哑然失笑的事情，是因为他们用新生的眼睛看待这个世界，对一切充满好奇。杰出的喜剧人身上也往往具备这种品质，不被"习惯"湮没，不把任何东西当作理所当然。因此，不妨换个角度看待这个"熟悉"的世界，你将跨出好创意的关键一步。

最后，做个有趣的人，多多体验、多多尝试，有心观察，到处都是素材。

2. 获奖作品解析

作品 1：生活有嘻哈，流感有快克

在这新时代\生活真的变好快\网络不是盖\出门现金不用带\距离越来越小\但圈子每天扩大\自由越来越少\一会儿就心态爆炸\别给自己这种惩罚\就算是生活压力太大\也别有太多想法\心灵鸡汤都很空\"诗和远方"都是坑\纷纷扰扰中\快快乐乐才是真\活在当下\身体健康最大\气温变化\别被流感压榨\心情不差\别让感冒搞尬\因为我有快克\远离头疼脑热\每个场子你热\活力不要吝啬\病毒退撤\幸福每刻\年轻的 freestyle（即兴说唱）还是要年轻的我们来。

创意思想：用 Rap 唱响快克，用节奏感染消费者。这条文案紧跟时代潮流，借鉴了嘻哈音乐的歌词。在 2017 年综艺节目《中国有嘻哈》大火后，嘻哈音乐被大众所熟知、接受、喜欢。文案中的广告语与快克感冒药紧密联系，当然也用到了网络流行词"freestyle",相信这条文案会被很多年轻人喜欢。

Rap 歌词行与行之间有停顿,节奏鲜明、全程押韵、韵脚整齐、朗朗上口、意味深长,有不同的断句、不同的拍子、不同的节奏。消费者看到这个文案就会想要跟着念起来,念出节奏。可以想象,如果真的制作成广告,用 Rap 的形式唱出来,也是一个很不错的作品。

当然,对文案来说,最重要的还是内容,该文案以小见大,描述着我们日常生活中最普遍的现象,时代变化快,网络发展迅速,在现代这个足不出户就可走天下,出门不用带现金的时代,圈子扩大了,自由变少了,人们在越来越快的生活节奏下变得越来越紧张、压力越来越大。文案提出问题,紧接着提出解决办法,不是心灵鸡汤,也不要诗和远方,而是点出在这种高压下,人们最重要的是健康,本来生活节奏就快,感冒发烧有可能打乱原有的节奏,影响工作、学习等方方面面。即使只是一个小感冒,也会降低生活效率,使得心情变差,我们需要快克来帮我们解决这个问题,让我们远离头疼脑热、让我们安心满意、让我们活力十足、让我们激情四射,在最好的年纪散发自己最独特的魅力!

Rap 旋律让人情绪高涨,随着节奏摇摆,内容充实没有废话,情感浓度高且层层递进,最后点明和升华了文案的主旨。

作品 2:短歌行

对酒当歌,人生几何。若饮过多,头昏脑热。加之风寒,感冒易得。何以解忧?唯有快克!青青鼻涕,憔悴我心。但为痰故,沉吟至今。有口难鸣,咳嗽不停。我有快克,服之立轻。孩子感冒,无可奈何?服小快克,方可断绝。草莓甜味,精准量分。宝宝痊愈,心念其恩。分隔包装,家庭良医。规范用药,无懈可击!我有快克,病毒难侵。有小快克,父母归心。

创意思想:《短歌行》古诗新编《快克行》。这条文案最大的创意就是模仿东汉曹操写的《短歌行》,题材新颖。古诗新编《快克行》,让人耳目一新,读起来又让人忍俊不禁,欣赏后还能让人回味无穷。

于诗, 仿作对仗押韵,并无多字减字。

于内容，保留经典诗句，新编故事情节，做到了既有古诗的影子，又不影响新故事的完整性。让读者自己代入其中，仿佛似曾相识。

于快克，酒局感慨，饮酒过多，风寒感染，感冒来了。"何以解忧，唯有快克！"接下来，开始生动、形象地描述感冒时的种种症状如流清涕、咳嗽有痰、嗓子疼，只有快克可以解决。小孩子感冒，小儿快克，可以搞定，并且说明了小儿快克的优点，甜味、分量精准。快克是分割包装，不同的打开方式对应不同的需求，药物放心，剂量精准，保护一家男女老少，让人既满意又心安。

描述感冒症状生动形象，让人感同身受又新颖有趣，在描述中顺其自然地体现出快克的特色，把品牌主打的推广内容体现得淋漓尽致，使得这则文案拥有极高的延展性和使用性，如果投入使用，不论是平面广告、视频广告，还是广播广告，都可以以此文案为基础进行创作。

四、品牌情话的创意方法和案例解析

情话，是内心深处想要对爱的人说的话，是情感的表达，也是对爱的承诺。想要让感情变得更加有趣，不管在什么时期情话都适用。人本身就是感性的动物，情话的含蓄与深沉让人能感受到初恋般的温暖，让人小鹿乱撞又爱意浓烈，或是像一个爱了很久的人的承诺，让你踏实有安全感。

"95后""00后"之间最大的话题就是爱情，品牌情话就成了互联网时代年轻人的互联网语境，品牌要更注重情感的表达。例如，年轻人写给快克的情话，在年轻人的心目中与快克的品牌形象有了情感共鸣，能让人心动的品牌情话要掌握"一近、一撩"的表达方法。

近：拉近快克与我们的距离，一种莫名的感情慢慢产生，赋予快克品牌人性化的深情，又可以给人安全感的形象，这不失为药物品牌最好的形象了。

撩：最近网络上很火的土味情话，让人们重新审视对情话的理解，也让人们更关注情话本身。情话说得好，就会让人更喜欢，效果很明显，也就是我们所说的，很会撩。情话说得不好，就会让人感觉很土、很尴尬、很油腻，让人讨厌。

文案1：我之所以存在，是因为你需要我

赏析：快克的存在，是因为我们需要它，也就是说，即使只是偶尔感冒，偶尔地需要它，就是它生命的全部意义。这确实是很撩了，简洁明了却内涵深刻、触动人心，值得细细品味。

文案2：我没什么伟大的愿望，我最大的愿望就是你能健健康康

赏析：言辞朴实诚恳，像一个爱的浓烈却不善表达的人默默地为你付出，守护着你，他很平凡，没什么伟大的愿望，唯一的愿望就是在他的守护下，你能健健康康，不被感冒影响、不被流感折磨。情真意切，令人感动。

文案3：嘿，别难过，你吃掉我吧

赏析：当你感冒时，头痛、鼻塞、流清涕、咽喉疼痛、四肢无力，整个人就像掉进了谷底，没有精神也没有开心，要是影响了工作或者学习就更令人难过了。这时，快克对你说，嘿，放轻松、别难过，把我吃掉吧，吃了我就都好了。让人感觉他在逗你开心，又真的帮助了你，真是一个贴心的伴侣。

文案4：山有木兮木有枝，愿悦君兮君不知

赏析：这句诗出自先秦的《越人歌》，意为山有树木陪伴，树木有其枝干相依，我的心喜欢着你，而你却不知道。用在这里，唱出了快克的那种深沉、真挚的爱恋之情，歌词声义双关、委婉动听。文艺范十足，有内涵、有温度。

文案5：遇见你，我的生命才有了意义

这一句和文案1有着异曲同工之妙，都是讲快克的存在于你有着重要的意义，但是这一句更像是一种宣告，更直接，更有激情。并且，感冒药的意义也就是感冒时服用治疗感冒，所以这句话的表达也很贴切，用这种语气表达，就显得格外温暖、有趣。

文案6：难受时，不要抬头看天了，抬抬手吧，我就在你身边

赏析：曾经有一句话很出名，"难过时，抬头看天，就能让眼泪倒流"。但是，控制眼泪不流出来只是假装坚强，无法减轻内心的难过，但是有了快克，难受时，就不用抬头看天，也不用让眼泪倒流，抬抬手，快克就陪在你身边，只要喝了它，就会变得开心不难受了。很有趣的转化，让人有记忆点，从而记住这句话。

文案7：你来买我的那天下着雪，但我整个身子都是暖的，你喝了我有没有觉得暖一点呢？

赏析：爱是相互的，也是共通的，你温暖了我，我温暖了你，这才是最好的状态。来买药那天天下着雪，有一丝小说情节的铺垫，但是因为你来买快克了，它就感觉到了温暖，而它关心的是你喝了它以后，感冒好了吗，是不是也感觉暖暖的。很温暖的一条情话！

文案8：我一定会用尽全力，不让你难过

赏析：像一句宣告，就像霸道总裁爱上下属那样的小说一样，拼尽全力护你周全，用尽全力不让你难过，表现出快克的责任与担当。

文案9：喜欢上你，我有些害怕，是离你近点好呢，还是离你远点好呢？

赏析：同样是一条很有趣的情话，快克喜欢上你，让它有点害怕，因为爱你就想要靠近你，但是如果离你太近，那说明你就生病了，爱你更不想让你生病不舒服，那还是离你远一点吧！这是一个矛盾的选择题，只有爱是肯定的，亲密的爱和远远的守护都是爱的表现。

文案10：我是你的药

赏析：只有5个字，简洁明了。交代归属，"我"是你的药，在情话里，药有很多种含义，你是我的药，你可以解救我、治愈我，从表皮到心灵以至于灵魂，我是你的药，你出我治愈。

文案11：我做过最浪漫的事情有两件：一件是守护你，一件是治愈你

赏析：默默守护，慢慢治愈，是爱一个人最有耐心、最难得的事情，这种默默的付出是一种长期的浪漫，只有深爱才会这样，快克一直陪着你，默默地守护你、治愈你，这是它对你浪漫的承诺。

文案12：我怕永不再见，也怕再次重逢

赏析：与文案9相似，一个是说离你的远与近，一个是说和你见与不见。它们都是爱的选择题，既怕永不再见，爱落空了，也怕再次重逢，怕你又遭受病痛折磨。纠结、选择、衡量、判断，见与不见，是一个问题。

文案13：世上最遥远的距离，不是生与死，不是天各一方，而是我就在你手边，你却不知道我爱你

赏析：文案的原话出自张小娴女士的《荷包里的单人床》，在这里作者稍有改动。爱却不被知道，单相思是很令人难过的事，我爱你你却不知道，我们的心隔得非常遥远，其实我就在你手边，体现了快克对客户的爱，以及渴望被爱的愿望。

文案14：起风了，带着我吧

赏析：设定了情节，起风了，容易着凉感冒，带着快克吧，你需要"我"。让人觉得很贴心，短短几个字却让人有了画面感，也表达出快克的愿望，在你需要时希望你及时拥有它，它不仅可以治疗感冒还可以预防感冒。

文案15：他们说，我如果是你的男友，也一定是个暖男

赏析：直接假设我们是有关系的，"我"是你的男友，一个暖男，好像互相有情愫但还没有点明，被朋友起哄在一起，谁是谁的男朋友，那种天真、令人害羞的初恋的感觉。还说一定是个暖男，快克可以守护你、温暖你，确实就像一个暖男一样时刻给你暖暖的爱。

文案16：我在佛前求了五百年，说想触碰你，佛应允……今世躺在你手心的感觉，真好

赏析：席慕蓉曾在《一棵开花的树》（摘自《席慕蓉诗集》）写到过"如何让我遇见你\在我最美丽的时刻\为这\我已在佛前\求了五百年／求它让我们结一段尘缘……"有一首歌也写过类似的歌词"我在佛前苦苦求了几千年"，所以，求佛是最虔诚的象征，祈求五百年，换一时躺在你手心的感觉。

文案17：我想成为你的铠甲，让你没有软肋

赏析：想成为你的铠甲，把你全方位地保护起来，病毒无法侵入，让你没有软肋、没有弱点，一天比一天强大起来。这样的情话让人感动，只有快克来成全你。

文案18：我其实很霸道，你难受时，都要来找我！

赏析：像一个青春期不成熟的孩子第一次接触爱情，像小狼狗一样霸道，

不想要你找别人安慰，难受时，只能来找他，既可爱又有趣。爱是自私的，谁拥有谁很重要，这是一种爱，也是一种习惯，如果你选择了快克，就可以尝试着习惯它，不离开它。

文案 19：我看到过你的眼睛，是我见过最亮的星

赏析：如果爱，就会看见对方是会发光的，眼睛是亮晶晶的，也意味着，对方看到你，眼睛也是闪光的。这句话一语双关，一方面表达快克对"你"的爱，觉得你眼里有星辰，一方面说明，当你看到快克时，可能是你正好感冒了，像看到真爱、看到救星一样，眼里有光，也有可能是你被快克治愈了，眼里散发出感冒初愈、幸福的光芒。

文案 20：我是你的药吗？不，你才是我的药！

赏析：看起来自问自答，又暗示了彼此的互动，就像著名的"你的益达。不，是你的益达！"爱是相互的，相互依靠、相互陪伴、相互治愈。联系品牌实际，快克是你的药吗？是啊，就是感冒药啊，不，不仅仅是，消费者才是快克的药，只有消费者喜欢，快克才能在成长的过程中不生病，茁壮成长，所以说，快克与消费者是相互治愈的。

文案 21：在你胃里的那一刻，我听到了你心跳的声音

赏析：快克已经进入了你的身体，离你如此之近，成为你身体的一部分，融入你的血液，流动着，经过你身体的每一个角落，感受着你的脉搏，倾听着你的心跳，如此亲密，那必定是你最放心、最信任的药了。精准用量，让人安心，也是快克一直以来的努力。

文案 22：不悔身归处，只恨太匆匆

赏析：原句来自九夜茴的《匆匆那年》，此处稍作改动，将"梦归处"改为"身归处"，这样的修改，也更贴合实际。用在快克身上，我是这样理解的，不后悔最后融化在你的身体里，只恨时光太快，你我相处的时光太短暂，一切都太匆匆，但是还好，最后我的归处是你的身体，并且治愈了你的病痛。小说的语言，用到这里竟然莫名地合适，不失为一条创新的道路。

文案23：你的安好是我毕生所愿

赏析：虽然有好几个文案是体现快克的愿望的，但是每一条都有所不同。这一条是最直接的，甚至可以直接用来做快克的标语，因为这就是快克的愿望。

文案24：你得承认，在让你舒服方面，我比你的男友更合格

赏析：快克让你减轻鼻塞、头疼、四肢无力等感冒症状，所以，在生病时，还是得吃快克，比男友来得更快，比那些甜言蜜语更管用，照顾你、治愈你，还是快克更合格。这里作者还开了一个小小的玩笑，"在让你舒服方面"，容易让人想歪，但是也更容易让人记住这条广告。

文案25：阳光紧紧地拥抱大地，月光吻着海波，但这些都比不过我，融进你的身体

赏析：阳光与大地，月光与海波，都相隔很远，但是在阳光和月光的努力照耀下，最后紧紧地相拥在一起。快克和你，本来相隔很远，快克在努力地推广自己，让自己融入你的生活，最后被你发现、吃掉，融入你的身体。这样写，既暧昧又深情。

文案26：我喜欢一个人你帮我告诉他吧，就是第一句话第7个字

赏析：这一条就显得很符合潮流，属于土味情话了，第一句话的第7个字就是"你"啊，所以快克喜欢的人就是你了，既好笑又很撩，符合年轻人的品位，又潮又土，好玩。

文案27：看见你脆弱的样子，我就知道自己今后一生在情难逃

赏析：像一位深情的男士在表白，快克与你的相遇，总是在你脆弱时。你憔悴的样子让它心疼，那一刻，它就知道自己今后都会想着你，默默地守护你，一生都在情难逃，也意味着今后只要你感冒了它就会出现。

文案28：我不想让你生病，但遇见你我却生了病

赏析：作为爱人，快克并不想让你生病，即使只有你生病，你们才有见面的机会。但是遇见你，它却生病了，是相思病，它不想离开你，它会想让你每天按时按点服用它，让它融入你的身体，为你治病。

文案29：我是个好东西，希望你也能有一盒

赏析：这也是最近网络比较流行的一个句式，比较中二（注：网络用语）、搞怪。用在这里，作为快克的个人介绍，"我"是个好东西，为你考虑、为你好，希望你也能有一盒。让人无法拒绝的直白式表白，符合年轻人的口味。

文案30：我有一个秘密，藏进了我的身体里，我不说，我想用行动告诉你

赏析：这句话好像卖了个关子，有一个小秘密想要让你知道，但是我把它藏起来了，不告诉你，想用行动来让你明白，我们可以猜到，这个秘密就是快克爱你，它可以守护你、治愈你，只要你生病吃它，它就有机会表现自己，当你痊愈了，你就明白了这个秘密是什么。

欣赏完上述30句情话，你就会发现，此时快克仿佛就是一个深爱着你的男士，他愿意默默地守护你、默默地付出，在你需要它时，它就会站出来保护你，打败欺负你的病菌，陪伴你、治愈你，简直就是最佳男友的典范，又暖、又实用，还会说情话，这就是这则文案的优秀之处，把快克变成了一个人。

五、优秀文案总结

分析了这么多优秀文案作品后，我们可以发现，创意很重要，内容、互动也决定了广告的成败。我们可以看到，文案堪称广告的"点睛之笔"，一篇好的广告文案总能说出消费者的所想、所需，这不仅有利于迅速吸引消费者的关注并引发其共鸣，促使他们主动搜索和分享信息、参与活动、购买产品和体验服务，还能赋予品牌独特的个性，使其成为消费者心中可以面对面交流的"人"，继而塑造更立体、丰满的品牌形象。

随着工业技术的快速发展，产品功能越来越同质化，能够在消费者心中制造区别的只有情感利益，这种利益一旦形成就难以复制。因此，广告文案在向消费者说明产品或服务特征的同时，更应关注并满足其内心的情感需求。要实现这个目标，品牌就必须与消费者对话。

所谓对话，并非你一言、我一语的简单交流，而是不同的意见群体通过交流和沟通寻求共同点、建立相互信任的过程；其目的不是为了消除差异、说服

接受，而是在承认多元意见的基础上，寻求认同或是将不同的意见统一的可能性。与独白相比，对话讲究的是倾听、站在对方的立场思考问题，以及主动回应对方的关切。

文字是负载产品多重信息的载体，广告文案要传输不同属性的信息，在文本的处理上应该具有较强的针对性。修辞手法有比喻、拟人、借代、反复、通感、双关等，多种修辞手法的综合运用，既可以生动地描绘产品信息，加深受众对产品的印象，也可以更好地表达主观信息，增强受众情感。此外，我们在研究中也发现，运用修辞手法还存在较多的问题，具体表现在滥用修辞手法，如运用过多的比喻修辞，让人不知所云。还有过度比拟、夸张造成失实描述等，这些都需要文案的撰写者在不断地进行市场研究的基础上，加强广告文案文本处理分析的能力，以提高广告文案的写作水平。

第八章
设计类作品创意方法及案例解析

导 语

　　设计是艺术，设计需要跨界思维。在学院奖的大学生参赛作品中，可以发现新一代年轻人在视觉审美方面更苛刻，学院奖的设计作品包含包装设计、产品设计、IP形象设计等多个范围。本章选编了学院奖评委陶磊老师的设计方法，借助快克感冒药的衍生品设计案例来体会设计思维。

第八章 设计类作品创意方法及案例解析

第一节　设计类作品的重要原则

好设计的思考过程，是从"分析问题"到"价值产出"的过程，这个过程应该是多样而聚焦的。

设计是一种计划（有预判），是一种谋划（制定一种计策），也是一种组织行为。设计是在一定的条件下，为达到目的而产生的一种创造性行为。设计是一种特殊的、复杂的、综合性的思维活动，目的是为人类所遇难题寻找可行的、创造性的解决方案。

一个好的设计作品应具备以下几条原则。

（1）好设计是有创意的设计。如果没有创意，只是重复、抄袭，就不是好的设计。

（2）好设计是好用的设计。设计首先要注重功能而不是好看，如果好看却不好用，无法满足人们所遇难题时得到创造性的答案，那就不是好的设计。

（3）好设计是好看的设计。遵循"功能第一、形式第二"的原则，做到既好看、又好用。

上述原则从多个角度，说明了好设计所具有的共性特点。好设计一定是在对需求深入理解的基础上完成的"价值产出"。好设计的源头是"对需求的洞察"以清晰地界定问题，好设计的产出是"切实的解决方案"。好设计的思考过程，是从"分析问题"到"价值产出"的过程，这个过程应该是多样而聚焦的。但是，所有的产品最后都必须回答一个终极问题：产品为谁创造了什么价值？产品解决了用户什么问题？产品为用户创造了什么价值？产品为利益相关者创造了什么价值？如何实现更多的价值？

第二节 设计类作品创意的方法和技巧

创意不是自嗨,创意是创造大部分人的认同。固然,优美的线条与结构,会让画面更具美感,能提升作品的艺术性。但是,广告设计是商业的艺术,要让大多数人,至少是目标用户能看得懂、觉得美,才算是一个好设计。

设计有固定的评判标准吗?有时候,没有标准。美学,是为主题服务的,不是为美而美,而是为了核心创意而选择视觉风格和美术表现。一提起IP形象设计,第一直觉就是,要萌一点、可爱一点,要有圆圆的眼睛、胖胖的小短腿,如皮卡丘(见图8-1)等。

图8-1 皮卡丘

但更多的时候,品牌要设计一个IP形象,是出于商业方面的考虑,需兼顾品牌营销的目的,这时,萌不萌反而成了次要的需求。例如,Running Man×LINE Friends合作设计的3D动画角色,有的眼睛又小又狭长、有的长手长脚,但完全不妨碍它们成为韩国年度大热的IP形象,甚至因为人气火爆,节目组后来根据这些3D角色制作了一款手游,也是一炮而红。

为什么这些不萌、不可爱、反常规的IP形象也能受到人们的追捧?

这是因为,该系列IP角色设计的初衷是用节目Running Man中的真人明星为原型,设计一系列的3D IP形象,以便于在LINE聊天、衍生动画或其他营销场景中使用,以进一步提升节目的人气。那么,评判该系列IP形象好不好的第一标准就变成了能否精准、有趣地把握明星形象的特征。

这时,这个IP就有了李光洙长颈鹿般的脖子、金钟国壮硕的肌肉,当Running Man的粉丝们一看这个形象时就能会心一笑,然后说,哈哈,这不就是"一筐猪"嘛?于是,该系列IP设计就算成功了。

不是设计一个设计,而是设计人的反应

好的设计作品从人出发,不是在设计一个形象或是一个包装,而是在设计人的反应。任何设计,该考虑的都是人!考虑人们在看到这个设计后,会产生什么样的情绪、反馈,将得到什么样的信息。

例如,《魔兽世界》中暴雪的设计让模型的面数在5 000以内依然保持着优秀的贴图效果,即使对一个非重点区域也会认真、细致地进行渲染。暴雪设计最了不起的地方,则是通过设计,能让人感受一种特别的情感、一种独特的游戏文化体验。当他们接触游戏时,他们会首先讨论,我们想要游戏玩家产生哪种情绪、哪种共鸣,当这些确定了之后,他们才会开始着手设计。例如,WOW WAR3里面有个小食尸鬼悲惨的"提米"(见图8-2),它不会攻击人,只会胆怯地四处躲藏,他曾是那个被阿尔萨斯拼死从豺狼人手中救出,却又不幸走丢的、天真的孩子,也是母亲每天在家门口等他却不知他早已死去的食尸鬼。暴雪的设计,希望玩家们看到他后既能对"提米"作为食尸鬼这个设定感到恐惧,又能对他悲惨的经历产生同情。于是,他们让"提米"有了怪兽的长毛、血淋淋的牙齿、利爪与露出的腿骨,却又让他瘦小、时刻佝偻着身子、黑色的圆眼睛中闪烁着胆怯的目光。

正是对玩家、对人的情绪和反应的细致洞察,才使得WOW立足于游戏又超乎游戏,成为一个能够牵动人心的游戏巨作。

图8-2 提米

设计，需要让观众跟着你，一步步落入"圈套"

什么信息让观众先得到，哪些信息要让人后一步发现？好的设计，从来没有一览无余，也不会处处争奇斗艳，而是像酒，有前调、中调、回味、余韵，一层一层、有条不紊地呈现。

一般来说，当人们观赏一幅作品时，总会从上到下、从左至右获取信息，你可以利用人们视线移动的自然顺序，将希望人们先看到的内容放在偏上或是偏左的位置，或是在画面中构建一条"视觉动线"，让"画面元素"沿着这条动线依次展开。又或者，你可以利用"远近关系""虚实关系"，将想要突出的元素放在画面空间中更近的位置或用更实的图像去表达。甚至，你的设计就像一部电影，当人们的视线沿着你引导的线索缓缓移动时，将会经历悬念、高潮、揭秘、反转等剧情。这时，你是设计师、视觉元素指挥家，更是作品的导演。

设计，还需要跨界思维

每个品类都有自己的品类属性，品类属性一定是在多年的市场探索中，自然沉淀下来的合格的设计。它要求汽车品牌设计有"汽车感"，美妆品牌设计有"美妆调性"。

合格的设计，能够了解品类的属性在哪里，但杰出的设计，却总能跳出框框，用跨界的思考来突破。举例来说，美国嘻哈艺术家 KAWS 设计的潮牌 IP 形象，"Bendy"系列与"Companion"系列（见图 8-3）。

图 8-3　潮牌 IP 形象

它们的基本属性是嘻哈、街头、有趣、爱玩、自由、独特等。当他设计的某个系列的作品具备以上属性时，它就是一个合格的潮牌 IP。一个优秀的设计，擅长用跨界的方式去跳出"框框"，混搭其他品类的特质，让作品更精彩，而这些"跨界属性"，还能强化、升级 IP 形象。跨界儿童剧《芝麻街》，用"童趣"的属性，让 IP 形象变得更有活力、更有趣了。

跨界奢侈品牌 DIOR，"尖端时尚"的属性，让原本的"潮酷"升级了，如图 8-4 所示。

跨界艺术，高冷的艺术气质，让 KAWS 更"个性"了，如图 8-5 所示。

图 8-4　DIOR 的 IP 形象

图 8-5　KAWS 的 IP 形象

创意，是创造同意

创意不是自嗨，创意是创造大部分人的认同。固然，优美的线条与结构，会让画面更具美感；个性与独特，能提升作品的艺术性。但是，广告设计是商业的艺术，要让大多数人，至少目标用户能看得懂、觉得美，才是一个好设计！

有一个典型的案例，那就是熊本熊的"腮红"，如图 8-6 所示。

熊本熊的"腮红"是怎么来的呢？

创作者的一个漫画家朋友告诉他，大部分萌的动漫形象都有"腮红"，如皮卡丘，对大部分人来说，"腮红"就是萌的象征。于是创作者才慎重地给熊本熊加上了两个"腮红"，而到后来，"腮红"也成了熊本熊的标志性特点。

图8-6　熊本熊

总的来说，设计作品美不美，没有具体的标准，它是由目标、主题、人的反应决定的，有层次、能引人入胜、有跨界思维的设计作品，有机会成为一个好作品，不自嗨、大部分人看得懂的设计，是好作品的基础。

以下是笔者关于设计的24条"杂思乱想"。

（1）"旧元素、新组合"，旧瓶装新酒，旧酒装新瓶，你总要有新的变化出来，才会有新的感觉。

（2）"用反差，创造冲突"，软萌碰撞硬核，Hello Kitty混搭蒸汽朋克，将冲突放在一起，画面就会变得有趣。

（3）以小见大，就像《拯救大兵瑞恩》中，最令笔者震撼的不是壮阔的长镜头，而是通过米勒上尉的个人视角所呈现的，那些真实、细碎的残酷画面所带来的视觉冲击感。

（4）幽默，设计应该有点情趣。笔者一直喜欢Philippe Stack设计中的调皮，或许正是因为他有着顽童般的心态，才能创作出那些灵感肆意的设计作品。

（5）视觉陷阱，每个精妙的设计都是精心策划的视觉陷阱，就像戏剧、音乐，不露痕迹地牵动观众的神经和情绪。

（6）文案不好的设计不是好创意。当标题不够好时，观众不会说"虽然文案不行，但是美术很棒！"，而会一棒子打死。设计作品是完整不可分割的，上面的任何元素都要你负责。

（7）看设计作品集寻找灵感，就像吃别人反复嚼过的甘蔗渣，吃是吃过了，却少了新鲜甘蔗那第一口的甜。

（8）没有生活没法为生活设计，每个设计师都需情感细腻，懂得去探寻生活中的动人之处，在日常生活中发现不寻常的美，生活才是设计的灵感来源。

（9）平面设计不"平面"，哪怕在二维的纸上，也该有"五感效果"，也应能调动起除"视觉"外的"五感"感知。当一幅平面作品能调动起嗅觉、听觉、触觉时，作品就会变得与众不同。

（10）谋定而后动，许多设计师脑袋空空就上机操作，没在脑中有了一个清晰的设计稿后才动手。曾和一个作家朋友聊天，他说在他下笔前，所有的人物都已经在他脑中、潜意识中生活了好几个月，当他拿起笔的那一刻，所做的只是用文字写出来。

（11）上素材网站"扒"素材，那是倒买倒卖，是盗窃，不是设计。

（12）少就是多，用最少的元素表达最多的蕴涵，这是一个设计师段位的体现。

（13）讲究还是将就？！还记得第一份工作，设计一张已经有了全球规范的中文版名片。当时的师傅，却为此折磨了我整整一天，字与字的微妙间距，每个标点的空隙调节，对齐的视觉调整，视觉洁癖是设计师的自我要求之一。

（14）戏剧性，用平面作品来表现故事性和戏剧性很有魅力。小时候学画画，特别喜欢列宾的《查波罗什人给土耳其苏丹写回信》，每个人物的情绪、状态，就好像你也在现场，还能听到他们的狂笑、讥讽和不屑。

（15）电脑屏幕上的完稿并不是真正的完稿，有时在屏幕上看着好，等真实比例、真实材质制作出来后，你或许会发现怎么这么丑。字的大小、粗细、颜色和图案风格，使用不同的印刷工艺，会呈现出完全不同的视觉效果。

（16）字体是有性格的，不同的字体有着截然不同的情绪表现。

（17）别把技术当艺术。

（18）别自嗨。设计有很多主观的成分在，但毕竟是给目标受众看的，有着背后的商业目的和需求，若目标受众看不懂或完全不理解，那就只能关起门来自己欣赏了。

（19）用产品经理的思维来做设计，你会发现美工和设计师的区别。

（20）反向思维，当你精准地满足了需求，却总感觉有哪儿不好时，你距离一幅好设计，只差最关键的一步。了解需求的框框和边界很重要，但比起"遵循"，更重要的是，如何另辟蹊径去打！破！它！

（21）冷暖对比，总是有强烈的情感诉求在背后，参看第三季《权力的游戏》的人物角色海报。

（22）包装即媒体，包装已成为消费者购买临门一脚前最重要的媒体。因此，包装本身就该自带话题性、可传播性，像江小白、可口可乐昵称瓶、RIO鸡尾酒六神花露水瓶，都是让包装的功能性远远超越包装设计本身，成为能够传播话题的载体的代表。

（23）节奏感。如果说一张海报是一首乐曲，那么文字、插图，哪怕是一个小小的图标，都是你调配的音符，只要存在于画面上，就会在这支乐曲中发声，而"乐曲"是和谐还是突兀，就看设计师的把控能力了。

（24）设计没有天才，只有付出后的收获。你的每一点积累、知识储备、美学修养、对消费心理的研究，都将一点点、一丝丝地在你的作品中体现。

（本文引自学院奖评委、25hours执行创意总监陶磊的主题演讲）

第三节　衍生品设计案例解析

衍生品是从原生事物派生出来的物品。衍生品能激发每一个用户对产品及其背后隐藏的文化热情，让消费者有一个小小的参照物，从而满足公众的文化需求。

大学生设计的衍生品多为日常用品，利用快克的超人和小快克形象IP，从实际可用的角度出发，在衣服、手机壳、帆布包、T恤、卫衣、水杯、日历等产品上进行设计、开发。

此类物品从成本的角度考虑，更容易实现衍生品的大规模批量生产。

金奖作品《快克周边》（见图 8-7）整体调性以 Q 萌为主。衍生品所涉及的单品为三种：购物袋、T 恤、手机壳，产品皆为常见之物。小快克的小超熊，原形象虽然可爱但是识别性不强，除了给人黄、绿色的印象外，很难与其他熊类卡通形象区别开来。但是，人们已经对小超熊的形象有所认识和印象，若进行全新设计，将会不利于新形象的认知与推广，所以这次的形象升级优化方案主要立足于原形象，进行标识性的提高。近年来，形象升级的例子很多，如 2013 年的米老鼠、2014 年的海尔兄弟等，卡通形象的升级将有利于品牌宣传以及激活品牌活力。

图 8-7
作品名称：《快克周边》
创意思想：作者设计了一只萌版的小超熊作为快克的品牌形象来进行快克的对外传播。在购物袋和 T 恤上，分别以作者所定的绿、白色调为主，以纯色调为基底，加之小超熊的卡通形象构成，使之呈现出可爱、活泼却又不过于廉价的设计感。在手机壳上，作者依旧以所设计的卡通形象为主题，背景主题预设为 4 个不同的场景，即山川、河流、马路和田园，通过体现卡通形象在其中自在、悠乐的整体画感，高度契合了快克整体的童真风格。

金奖作品《小快克吉祥物小超熊形象升级优化方案》（见图8-8）针对的是以儿童为主的人群，所以风格以Q萌为主。衍生品涉及5种类别，分别是T恤、笔记本、CD、购物袋、卡通熊，类别较为丰富。该系列最大的特点是，作者所设计的卡通熊的形象是作为一个元素融入产品设计中的。例如，T恤以卡通熊的黄色为基调，加之熊的五官组成；笔记本以酒红色为基调，加之熊的头部组成；CD以绿、黄色为基调，加之熊的五官组成；购物袋以白色为基调，加之熊的头部组成。作者把熊作为一个简化元素融入产品设计中，保留了设计的大范围留白，使得整个作品看似简单，却不失设计感。将卡通熊做成一个玩偶，是该系列的一大亮点。

图8-8
作品名称：《小快克吉祥物小超熊形象升级优化方案》
创意思想：设计灵感来自于锡特卡棕熊，它的外形极具特色，且奔跑速度快、行动敏捷、耐力久，很符合快克品牌的特点。色彩选取原形象以及快克胶囊的黄、绿两色，搭配以活力的橙色，色彩鲜艳明显、形象简约大方。表现形式上凸显活泼可爱的特点，使小快克的受众感受到别样的亲切，与小快克的品牌契合度高。吉祥物的升级优化设计同时也满足平面、影视、周边等各个方面的开发与应用，延展性好，有利于后期多媒体的宣传。

第八章　设计类作品创意方法及案例解析

银奖作品《小超熊志》（见图 8-9）系列的周边产品都呈现出大方、简约的特点，辐射人群开始囊括中年，整体设计风格与当时的潮流相对应。在同类产品的样式中，也推出了不同的款式和样式，满足不同人群的需求，体现了作者洞察趋势、分析受众的强大能力。

图 8-9
作品名称：《小超熊志》
创意思想：作品虽融入了卡通形象，但总体的调性是以冷淡风为主。系列的衍生品涉及杯子、帆布袋、T恤、衬衫、徽章和日历，整体的基调以纯白或纯黑为主，加之简单的卡通形象。

银奖作品《小超熊的日常》（见图 8-10）以手绘的风格体现，且系列所体现的主题在于相关产品都是从儿童的生活细节出发，如围兜、喂药器、浴帽、饭盒等。整体的色调以黄色为主，作品的细节都有不同方位的展示，使得整个设计的体现更直观与立体化。在此设计中，作者对周边产品的选择具有敏锐的观察，实用性较强，并使系列产品的设计迎合了儿童的爱好，为亲子间的交流提供了产品支撑。

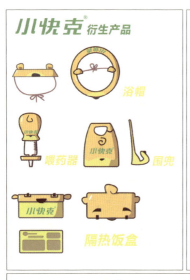

图 8-10
作品名称：《小超熊的日常》
创意思想：作为宝宝们最贴心的小伙伴，可萌可暖的小超熊保证随叫随到，帮宝宝们克服种种困难，照顾宝宝们成长中的各种细节，让宝宝健康成长，更加活力、阳光、快乐。

铜奖作品《可爱小超熊系列》（见图 8-11）衍生品的展现方式较为独特，以手绘的风格出现，并做悬挂式展示，整体风格采用了符合儿童调性的颜色系列，产品有杯子、闹钟、围裙、汤匙和袜子等。该系列最大的特点是作者将所设计的快克的卡通形象融入部分产品设计，同时尽力的缩小 Logo 的面积，注重大面积留白、整体的协调性，但在一些适当的产品上又使 Logo 成为点睛之笔，如在汤匙顶端将整个 Logo 印上去，闹钟中央也大量留白以展现卡通形象。

图 8-11

作品名称：《可爱小超熊系列》

创意思想：生活中随处可见的表情，借助夸张的设计手法，让小快克充满可爱、活泼的生活气息，让小超熊陪伴孩子成长的每一个瞬间。更加生动的小超熊的可爱的形象让孩子快乐地吃药，永远陪在孩子的身边，照看他快乐、健康地成长。这么萌萌哒的小超熊，你不喜欢吗？

金奖作品《小快克：小超熊系列》（见图8-12）最大的特点是亲子元素的彰显。除了卡通形象的添加，作者在设计时还有一些标语的设置，如"好喜欢你""超好吃的"等各种有趣的联想方式，体现了设计的多元化。

图8-12
作品名称：《小快克：小超熊系列》
创意思想：这一系列的单品有帽子、挎包、抱枕和亲子装等。其中仅亲子装这套单品就出了夏秋两季，两套亲子装的色调分别以绿、黄为主，且卡通形象各式各样，体现了产品既区别又统一的特点。不仅在衣服的应用上，在帽子、挎包和抱枕上的卡通形象都呈现出多样的特点。

银奖作品《快克熊卖萌篇》（见图 8-13）整体以黄、绿、白色调为主，符合快克一贯的风格。口罩是日常必备的单品，但社会对于儿童口罩的关注度少之又少，儿童口罩的设计，能够充分激发父母对于儿童疾病预防的关注，继而引出快克的产品强大的功能性。

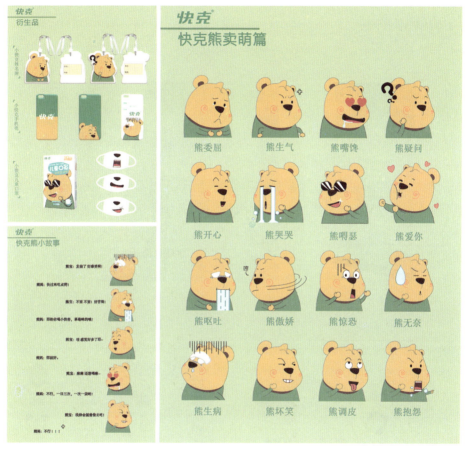

图 8-13
作品名称：《快克熊卖萌篇》
创意思想：衍生品涉及的种类较之前单品种类丰富，主要体现在姓名牌和儿童口罩的选择上。在口罩的设计上，采用的是卡通形象的三种不同的嘴部表情，体现了与众不同的趣味性。姓名牌的设计也是本设计的一大亮点，体现了作者对产品受众细致入微的观察。

铜奖作品《快克衍生品周边》（见图8-14）衍生品实用性特点突出，体现在书包和笔记本的产品设计上。该系列产品的一大不同是把游戏元素融入设计，在笔记本的设计上，选择了马里奥这个IP作为封面的组成元素，拉近了产品与受众的距离。

图8-14
作品名称：《快克衍生品周边》
创意思想：书包设计成粉色和深蓝色，分别迎合了女童、男童的需求。把文具纳入产品设计的考量范围体现了作者对单品选择的推敲。徽章的设计，样式繁多，体现在颜色、卡通形象的特写范围、徽章的形状等的不同，使得用户可具有的选择性越来越强。

第八章　设计类作品创意方法及案例解析

铜奖作品《小快克的日常呆萌》（见图 8-15）采用了方格元素作为整个抱枕的基底，凸显整个抱枕的质感，卡通形象的安置，看似随意，却在美感和品牌传播之间完美协调。杯垫的设计打破了以往的设计理念，几何元素应用得恰到好处，将圆形、方形和长方形相结合。运用不同的材质，将卡通形象做了居中处理，整体显得既简约又突出了主体。

图 8-15
作品名称：《小快克的日常呆萌》
创意思想：作品只有一个抱枕，使用了快克一贯使用的色系。

铜奖作品《草莓小超熊伴你甜蜜每一天》（见图 8-16）的整体单品趣味性较强，产品选择以胸章、书签、帆布袋为主。作者在进行趣味设置的同时，也在通过所呈现的设计元素灌输快克的核心理念。

图 8-16
作品名称：《草莓小超熊伴你甜蜜每一天》
创意思想：胸章的设计运用了卡通形象的表情包，使得整个胸章呈现出系列化的特征。用三个动作表情形成一个具有连贯性的系列书签，有较强的动感，让人有强烈的亲近感。帆布袋的正反面设计体现出作者独特的产品设计和思考能力，将反面设计成草莓，暗喻快克产品不仅是一种药品，更是儿童的保障，是儿童乐于接受的产品。

金奖作品《小超熊系列》（见图 8-17）把同一种类的不同设计和多样性纳入了考量的范围，体现了更大的可选择性。值得一提的是，作者将衣服的标签做了一番设计，除了标签的作用以外还体现了其收藏价值。

图 8-17
作品名称：《小超熊系列》
创意思想：服装系列中，出现了夏秋两款设计，分别以蓝、黑两种基调为主，图案的颜色则与之相反，以黑、蓝为主，两款设计相呼应，体现了作者独特的设计思路。水杯系列中也出现了黑、白两款设计。抱枕则更大程度上丰富运用了表情包的元素，使得趣味性大大增加。

银奖作品《小超熊衍生品设计》（见图 8-18）系列的衍生品种类繁多，以品牌色为主色调，整体风格较为简约。产品种类分为文具类——铅笔、笔记本和徽章，实用类——水杯、汤匙、购物袋、日历和雨伞等。衍生品的设计越来越强调系列的整体性。水杯的种类也不再拘泥于简单的颜色和图案的差别，而是做了大、中、小的区分，亲子类产品的品类不再局限于亲子装的体现，而越来越多地从亲子间真正的需求入手，功能性需求已开始向情感性需求转变。

图 8-18
作品名称：《小超熊衍生品设计》
创意思想：这个系列最大的特点在于品牌卡通形象的设置越来越大程度地为整个产品设计服务，如在汤匙和铅笔的设计中，并无形象的体现，而仅采用了品牌色作为整体的基调。

第八章　设计类作品创意方法及案例解析

　　铜奖作品《小快克表情包》（见图 8-19）主题鲜明，把小超熊作为整体设计的出发点。衍生品的种类有三种，即手机壳、帽子以及抱枕。手机壳的色调符合整体的调性，包括淡蓝、淡黄以及淡粉三种色调，帽子亦然。抱枕上的小超熊运用了表情包的元素，整体的趣味性较强。该系列作品的另一大特点为标语的设置，整个系列的单品对品牌的输出观念强烈，品牌的深入性强。

图 8-19
作品名称：《小快克表情包》
创意思想：作品总体采用了较为柔和的色调作为系列产品的基调，观感上焕然一新。

第九章
大咖谈创意

导 语

本章节选了学院奖两位评审主席的创意真经,一位是学院奖评审主席莫康孙先生,一位是学院奖评审主席、上海师范大学金定海教授。在策略与创意、策略与设计领域,学院奖资深评委张默闻先生、陶磊先生是一直奋战在市场最前沿的策划人和创意人,让我们一起来聆听他们的实战创意方法。

学院奖评审主席金定海：创意任性不任意

在校园闲逛时，看到一个动人的场景——在黄老五的展台不远处，一个女孩侧着头把一块花生酥放进一个男孩的嘴里。诸位想象一下，有画面感吗？调性是怎样的？应该配上怎样的光影？女孩、男孩应该有怎样的颜色搭配，穿怎样的衣服？有怎样的背包？牵手走远后，会有怎样的故事发生？如果能引发上述想象，那么这些想象远比我刚才看见得更美，更能激发传播者的共鸣感。所以说，这些生活中的细微场景很可能会成为极棒的创意发想点。

创意就要带着玩的心态和眼光，"玩"是一个很好的东西，过去的教育者经常说，劳动创造人，但我更愿意说，游戏创造人。

人生下来后，也许在还没有劳动之前就开始"玩"了，开始游戏了。"玩"能帮助我们带来肢体的协调，带来观察、带来思辨。"玩"很重要，真正的大师也是在"玩"创意。王郁斌对玩物丧"志"做了新解，突出了在"玩"的过程中消解消费者的意志。我也接着解读，我认为可以这样表述，"玩，勿丧志"，这是我对创意与策略的关系的一种理解。创意走得再远，也要与策略目标的这个"志"相关，这也是对"任性不任意"的另一种解释。

创意往往不需要别的什么，它需要的是一个特定的策略。没有策略，创意是盲目的，所以，创意要紧扣策略，创意要任性但不能任意。创意，不是胡思乱想，而是有目的的策略概括。

人最怕的是什么？是无聊！

可以说，所有的文明形态都与克服无聊有关。图书、绘画、音乐、体育、电影、电视，戏剧，甚至包括广告，这些都是人们打发无聊时光的休闲形式。

人本质上是喜新厌旧的，人的无聊总会在不经意中"溜"出来，让人烦恼、让人寂寞。看多了书、看多了电影，就要换换口味，就要寻求新的刺激、新的意味，这样，创意就产生了，创意就有了人性的深度，就有了传播的价值。

现在大家都在"玩"创意，创意就不好"玩"了，因为"玩"创意，本身就成了最大的压迫。怕人不喜欢创意，怕创意不够出挑，于是，创意的门槛越来越高。做创意也好，"玩"创意也好，都是对坚持创意的一种理解。

做创意的人要有这样一股任性的拼劲。任性怎么解释？任性就是依照秉性行事，率真不做作，恣意放纵。任贤齐有一首歌《任性》写得很好："就算卖命也要任性，放弃理性，放出本性亦是任性。"创意是率性想象，率真表现。现在的人可能什么都不缺，但缺自信，特别在意别人看他的眼光，这其实也是一种病，不敢表现真我。但是，做创意的人一定要任性，要敢于表现自己的创意，并努力让自己的创意为大众所接受，所以创意的核心特别在意对于人性的揣摩和洞察。创意没有捷径，一定要通过对生活素材的深度积累，才能获得灵感和合适的表现。

创意在哪里？创意在生活的碎片中！

创意如何找？要蹲下去找、反过来找、闭着眼睛找、不正经地找、别在广告中找。

创意，要蹲下去找

如今世道太浮躁，很多人不愿意蹲下来看这个世界。小时候我们经常蹲在地上看世界，所以可以看见蚂蚁在打架、在搬运面包屑，看见蚯蚓在泥土里进进出出，看见花瓣背后的蚜虫，看见海滩上迅速移动的沙蟹……对于孩时的我们，这一切新奇而充满想象。别轻易舍弃少年时期感动过自己的东西，因为这是一种生命的体验，它会转化为创意的深度。蹲下去，少年时代的那些特定的记忆、特定的游戏、特定的想象、特定的感伤和失落以及窘迫的生活和丰富的想象，都会构成一种超越性的创意关系，只要我们蹲下去寻找、体会、挖掘，那些活的、有温度的细节，就会争相涌来。

现在的问题是，你还会蹲下去吗？例如，超市里货架最底层的货物，消费者往往因为懒而不愿意蹲下去，所以经常"看不到"，他们第一眼会看到和视线齐平的商品。你看到的，也是我看到的，这对于创意来讲，绝对是一种灾难！创意必须追求品质、追求独特性、追求深度、追求细节，超越平庸、超越人云亦云。

前些年，有一个广告大赛的主题是"你今年十八岁，你有十八年的广告经验"。这是一个很好的主题，它能激活年轻人的智慧假寐。回头去看生活与广告的关系、与创意的关系时，他们一定会感慨万千，所有的生活中都孕育着创意。当你在海滩上随便捡起一些石头，将它们放置于异质的背景中，剥离它原来的关系和系统，创意就诞生了。石头因为有了新的格局和视觉关系，产生了新的传播价值。所以，"蹲下去"思考，创意就不一样。

创意，要反过来找

从创意资源的角度看，中国的创意资源特别丰富，神话、寓言、器物、文明，实在是太丰富，上下五千年的文明为文创产业带来巨大的发展空间。别的不说，但就《水浒传》中的108位好汉，每一个都可以单独演绎，每一个都可以拍一部电影，所以中国式想象是以历史为向度的。反过来看美国，历史短暂，上溯到印第安人，就已经不穿衣服了，所以再往前推，文明就没有了，因此美国的想象往往是未来向度的，他们善于想象未来、虚拟人物，所以他们的影视中经常出现外星人或是一些奇幻的未来故事。现实中的不如意和理论猜想，都被转化为未来向度的生活细节、人际场景和社会冲突，其创意想象是开放的、自由的，不受历史固定模式的制约。这样的比较说明什么？创意资源丰富、深厚，恰恰会因此而受限，眼光会被历史所牵引。相反，创意资源贫瘠，反而会逼你想象，逼你走向未来，这样未来就在没有历史定规的逻辑上展开，创意就变得更自由了！

创意要敢于反动。瑜伽的很多动作设计就是一种反动，肢体不能伸的地方非得让你反关节去伸展，身体不能反过去的，非得让你反，这种反关节的逆向伸展把你的身体拉开了，所以不妨说，反动就是健康之道。做创意要有点反动，当然不能为反动而反动，简单的反动会使创意变得无味。

创意，闭着眼睛找

创意枯竭时，有一种方法可以帮你走出困境，那就是闭上眼睛。闭上眼睛，这个世界立马就精彩了，你可以在幻想中超越现实的窘迫，去你想去的地方、见你想见的人、做你想做的事。闭上眼睛，好像什么都可以了，表现空间陡然变大。无论是向外，让自然显形，还是向内，让幻景清晰，这一切都可以在闭上眼睛之后获得个性、自我的呈现。

但是现在的我们，最大的问题就是不敢闭上眼睛。做创意时，眼睛睁得大大的，不去体会自己的内心，寻找自己曾经酝酿过的感觉。

实际上，生活的经验已经塑造了眼睛的视觉语法，塑造了我们的心智。最好的方法就是闭上眼睛，切断外界的景象，体会内在心智的镜像，从中获得创意动力学的心理依据。创意看世界，最终是要找出欲望图景，不管你认不认同，每个人看到的都是不同的欲望世界，取决于看者的立场、观点和内心已有的经验。创意追求的就是这种表现上的差距。形态的些许变化，都可能造就精彩的创意。

创意，不正经地找

什么是不正经？不正经的核心内涵就是否定正经。正经的思维太逻辑了，太多的人会沿着正经的逻辑去分析、去推理，这样的创意就很容易概念化，用不正经的玩笑、调侃，甚至恶作剧，是可以用来拯救创意的。不正经可以很有效地拆除理性栅栏，把创意精灵放出去自由地舞蹈。创意不正经，并不完全是一种风格，更多的是指一种思维。不正经可以跳脱常态和惯性，让事物或思维走在不一样的路上，这样一来，原来的参照或背景就被抽离了，就可以用新的观点来表现了。一个碗在橱柜里，就是餐具；在博物馆里，经过设计好的灯光照着，那就是文物，至少是像文物了！

为什么创意人的玩笑总是那么出格？为什么创意人的形象总是那么与众不同？为什么创意人的态度总是有点玩世不恭？人往往被他所从事的工作所塑造。创意的原创性、震撼性和价值的独占性等要求，把创意人逼出了正经的路，只能在不正经的边缘地带撒野，这个过程和经历，对于创意的成功，极有帮助。

创意，别在广告中找

学广告的人，往往"笨"死在广告上。广告看多了，如果不会融会贯通的话，那真是悲剧！为什么呢？因为他的创意容易陷入既定的创意模式，走不出自己的路。

现在的环境变了，创意的空间更大了，相应的，创意表现也更多元、更开放。但是创意不能太没有边际了，要思考和表现特定的事物，就要符合特定的条件，就要返回生活的原点，在问题和人性的深度上，寻求创意的洞察，达成创意的表现，而不是在现成的广告中找创意。别人嚼过的馍，已经失去了原来的味道。创意人应该自己去品尝生活的味道，而不是去体味别人嚼过的馍。

最后，用两句话做个总结。

（1）天还是蓝天，鸟已经飞过。泰戈尔的这句诗对于现在广告环境的认知，是一个很好的启示，他说出了变化，也说出了不变。我们不要被唬人的概念或很炫的 App 所蒙蔽，要能够站稳创意的立场，寻求生活的深度和人性的矛盾，而不是被那些所谓的新技术骗取你的看见。

（2）跟着别人走，是找不到回家路的。你回你的家，干吗要跟着别人走。创意的路是寂寞的、孤独的。太喜欢热闹的人，没有独处的默思，是不可能有大创意的。（本文根据金定海先生 2015 年 4 月在学院奖成都赛区的演讲稿整理而成。）

学院奖评审主席莫康孙：创意十二 YI 独特心经

创意第一 YI——创依

"创依就是要做有依据的广告。创意不是天马行空的创作，而是要根据企业在市场上的需求来做创意。广告主是非常现实的，不是用钱来做公益事业，做的都是商业的事情。"莫先生用为思圆方便面创作的获奖作品（见图 9-1）例证："这个创意做得很好，他用番茄与青椒当作碗，里面放满面条，这样的组合很有创新的意识，这样的创意是有依据的，也很符合斯美特企业产品的宣传语'思圆方便面，营养看得见'。"我们看到的是富含天然营养价值的面条；这样的创意就是有依据的，不是天马行空的。

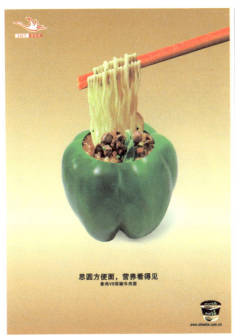

图 9-1

用"番茄""青椒"当碗,不仅在形式上有所突破,更直接地突出了产品的营养价值。这样的广告创意是广告主所需要的,创意也是有依据的。

创意第二 YI——创意

创意就是旧元素的新组合。莫先生举例说,十多年前奇异果在台湾不是很受欢迎,因为奇异果的外形很丑且价格很高。但是,奇异果的营养价值是所有水果里最高的,而且其中的成分对女性有美容作用。在为奇异果制作广告时,创作者选用了女孩子常用的面膜,面膜可以让女孩子的皮肤变好、让女孩变漂亮。为奇异果贴上面膜的创意引发了人们的好奇与关注,使整个创意变得很有意思,也把丑陋的奇异果变得"美丽",符合对吃奇异果效果的宣传——"奇异果富含维他命,每天吃,皮肤好"的创意理念(见图 9-2)。

把面膜贴在奇异果的"脸"上,这样的创意引发了人们的广泛关注,广告简单明了地告诉消费者"奇异果富含维他命,每天吃,不用贴面膜,皮肤一样好"。

图 9-2

创意第三 YI——创一

创一就是要在广告创意里表达一个最能表达产品特性，并能吸引消费者的信息。莫先生以 FedEx 为例，曾经 FedEx 要运送兵马俑到国外参加巡展，这是人们关注的话题。这个话题成为创作者创作的依据，创意表达了当时 FedEx 的企业理念：不管多大、多小的东西，也不管多远、多近，FedEx 都可以准确无误并及时送达（见图 9-3）。

FedEx 就是"运送兵马俑"的那家公司，广告里只表达了这样一个信息，但足以吸引消费者的眼球并赢得消费者的信任。

创意第四 YI——创异

创异就是要创作有差异性的作品，要突出产品的个性以及有异于其他竞争力品牌的特点。莫先生告诫同学们，国外创意高手创作的广告可以看，但是不要受太大的影响，要创作属于自己的作品。

图 9-3

一支钢笔却重得让一位年轻男子拿不起来,让人看了不禁思考其中的原因,看见男子捂着腰部,侧面痛苦的表情,再看见图片右下角的产品图片,让人顿时领悟其中的原因(见图 9-4)。这样与众不同的、夸张的创意,让人印象深刻。

创意第五 YI——创易

创易是要非常简单、明了地告诉消费者自身产品的特性,作品要简洁。让消费者看不懂的创意不是好的创意,要使创作的作品达到"情理之中,意料之外"的效果。莫先生用大学生为《广告人》杂志创作的获奖作品"绝非广告人所为"(见图 9-5)举例。广告人是有职业道德、有理想、有文化的群体,绝不会做出在墙上留下电话号码为产品做广告的事情。这样简单的一个画面,说明了《广告人》杂志是有行业深度的、专业类的期刊。

与生活中的画面相结合,简单、明了地表达了《广告人》杂志的定位是"一本有行业深度的、专业类的期刊"。

图 9-4

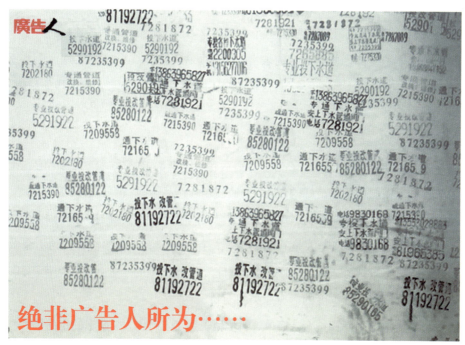

图 9-5

创意第六 YI——创宜

创宜是要使创作的作品适合产品投放的时间、地点和人群,广告的语调、设计的风格也要做到符合受众的口味。例如,雀巢奶品的广告(见图9-6),女孩子们都希望自己可以保持苗条的身材,但是又不可能每天都去健身,她们非常注意自己的饮食,雀巢奶品正好满足了她们这样的需求,每天喝雀巢奶品相当于每天去健身房健身一个小时,并且可以使她们骨骼强健,帮助她们去挑战生活以及工作上的任何困难。这个广告创意,非常直接地说明了雀巢奶品在人们生活中的重要地位和重要作用。莫先生一再强调要遵守《广告法》,要尊重不同地区人们的风俗习惯、宗教信仰。

广告创意适宜广告投放的时间、地点和人群,就做到了"天时、地利、人和",无声地向同类竞争产品发起了挑战。

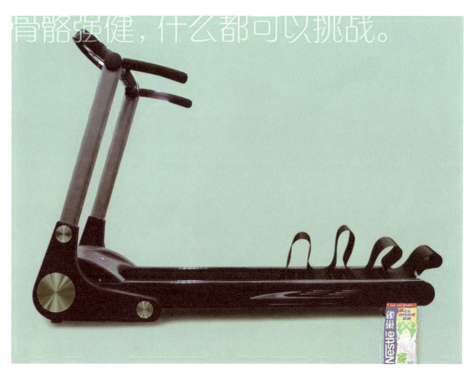

图 9-6

创意第七 YI——创忆

　　创忆是要使作品能给消费者留下深刻的印象。广告的目的是为了向用户传达一些信息，因此广告传达的信息是否被用户真正地记住、理解，这是一个非常重要的评价指标。如果看过广告的人中，能够记住广告关键信息的不多，那么这则广告的效果就可想而知了。很多广告公司在追求广告精彩创意的同时，却恰恰忽视了这一点。莫先生选用了大学生创作的雀巢咖啡的广告（见图9-7），蜘蛛侠是一个众人皆知的人物，他飞到空中，手中紧紧握住一杯雀巢咖啡，这样的平面广告使人印象深刻，"蜘蛛侠都爱，谁不爱？"（当然这里也采用了趣味的手段。当蜘蛛侠系列电影成为热门话题时投放这些创意，效果是比较好的。）

　　我们对"蜘蛛侠"记忆犹新，他手里紧紧握住的那个产品，是不是也会让我们记忆犹新？

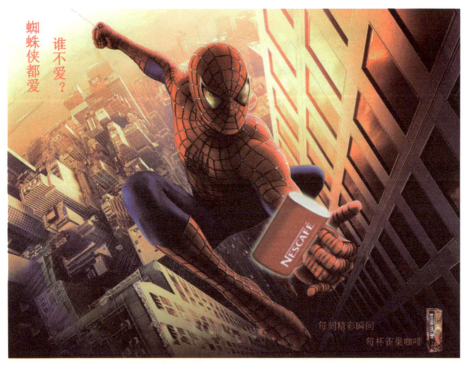

图9-7

创意第八 YI——创艺

创艺是指创作的作品要有艺术性或者是工艺性。不仅仅是图画上有艺术性，文字、排版、网络广告都需要有精湛的工艺来满足艺术感的需求。广告创意不是单纯地为了欣赏，而主要是为了更好地吸引消费者的注意，引发消费者的联想，刺激他们的需求。为了更好地传达广告信息和思想内容，应该把思想、信息、知识、情趣寓于富有美感的美术、摄影、歌曲、诗词、戏剧、舞蹈、文艺等丰富多彩的艺术形式中去，这是广告艺术内在的感人力量。广告以其艺术性增强它的娱乐性、趣味性、欣赏性，让人们通过广告作品获得丰富的文化内涵，给人以精神上的愉悦，达到广告目的性和手段性的统一。应当充分调动一切艺术形式，如文字、绘画、摄影、声音、色彩、灯光和舞蹈等，力求达到新颖、形象、富有美感和个性化的广告艺术效果。而这种艺术性与工艺性的专业操作，也需要经验的积累。大学生为耐克创作的广告，如图9-8所示。

广告不是单纯地为了欣赏，但具有艺术性是前提。有艺术性的广告是为了更好地吸引消费者的注意，引发消费者的联想，刺激他们的购买欲望。

图9-8

创意第九 YI——创怡

　　创怡是要创作出可以让消费者感到怡神的广告。沟通娱乐化，是当今非常重要的一句话。娱乐已经成为普遍的需求，成为企业与消费者之间的沟通方法之一。用可爱的动物做广告元素，是非常好的方法，人们看到有可爱动物的广告总是会会心地微笑（见图9-9）。用幽默的手段使消费者与产品发生共鸣，也是创作成功的一个条件。

　　看到这样幽默的广告，哪位消费者会不为所动呢？这样的创意不仅拉近了消费者与企业之间的距离，更会使企业形象深入人心。

图 9-9

创意第十 YI——创议

　　创议是要制造一个话题，通过引起争议而使得广告深入人心。

　　争议向来是加深记忆和理解的苦口良药，广告更是如此。但是也要注意，负面议论过多，就会伤害消费者，也会损害品牌形象。例如，某广告公司为日本丰田"霸道"越野车做的广告，就产生了负面的效果。

　　邦迪创可贴借用趣味，利用当时的历史瞬间——韩国与朝鲜两国的国家领导人举杯共饮来制造话题，"邦迪没有愈合不了的伤口"，也利用克林顿与希拉里的关系制造了话题"有时邦迪也爱莫能助"（见图9-10）。这样的话题引起了消费者的热议，看到这样的广告，消费者对邦迪的印象更加深刻。今天的网络病毒传播，大部分是具有争议的内容，这样才会让消费者主动传播。

看到这样的广告，你是不是深深地记住了这个品牌？是不是深深地记住了这则广告？当有人说起这则广告时，你是不是也会参与讨论？回答是肯定的。这个广告的目的达到了，不仅选择的话题是人们议论的焦点，广告本身也成为街头巷尾人们热议的对象。

图9-10

创意第十一 YI——创移

创移是指广告投放载体的转移。广告不一定受限于某种媒体或载体，可以是平面的、立体的、传统的、创新的，可以是网络的，也可以是在公交车上、地铁站里，甚至可以在公园的椅子上、任何消费者可以注意到的地方。好的创意，不受媒体条件影响，也不受载体的限制（见图9-11）。

广告在城市中随处可见，选择与众不同的广告载体来凸显产品的特性，会使消费者耳目一新、印象深刻。

图 9-11

创意第十二 YI——创益

创益要求广告为企业创造实际的效益，包括经济效益、心理效益和社会效益。这是非常现实的评估，也是对广告的考验。莫先生举例，在做平安保险的广告时，他对广告效益有非常精确的评估，使得保费增长了70%、市场份额增长4.9%达到22%、寿险保费增长了78%。同时，使得平安保险成为2002年中国"最受尊敬企业"。该广告为企业创造了三种效益：经济效益、心理效益和社会效益。

实现十二 YI 需要有长期的坚持。莫先生经常说，努力是不可避免的，这是达到目标的代价。广告创意人必须保持专业、力求完美、尽我所能的态度，抱着敬业的精神，语不惊人誓不休的意志，在长期的创意实践中追求尽可能完美的作品，这也是莫先生一直保持的工作态度。在他的"创意十二 YI 经"里面是不是还包含了一个"创毅"呢，他已经用自己的行动告诉了我们答案。

学院奖 10 年评委张默闻：创意是剂药，关键看疗效

在中国，我是最没有资格谈创意的人，因为我不是一个有创意的人。创意是那些神人玩的把式，所以我没有资格谈创意。

在中国，我是最有资格谈创意的人，因为我的创意成了广告行业的话题。"北有叶茂中，南有张默闻"的创意成了一个行业集体的讨伐游戏，热闹不断，创意无限。

创意是个艰苦的活，所以，创意人首先要特别热爱创意，没有热爱你就会感觉它特别枯燥，发不了疯，卖不了傻，出不了活，叫不了好，就是做不下去。创意就是创出好点子，就是别人都想不到，你想到了，别人想到了，你想得更有亮点而已。

有人问我，创意到底是什么？戛纳广告节的个别评委认为创意是创出心灵新感受，中国学院派的大师们说创意就是创出新特色，广告公司的大腕们说创意就是创出新卖点，而我认为创意就是一剂药。

创意是药，帮助品牌营销健康生长

当一个东西决定去用创意解决时，这个品牌或者产品以及服务一定程度上是生病了，需要治疗，需要一剂药来调理。创意就是这剂药，如果说一定要给创意找个说法，就是"创意是剂药，关键看疗效"。

我认为，创意的最大功能是美化，创意的最大价值是营销，创意的最大特

点是记忆，创意最妙的地方是好处，创意最神的力量是治疗。创意就是让产品、品牌或者服务更健康，这是个没有创意就不能存活的时代，创意能致病，更要能治病。

创意是俗，不用诞生在大雅之堂

创意是生活，生活中就会有脏、乱、差。我认为特别有洁癖的人是很难有创意的。我曾经在飘着小雨的街道上想创意，在杭州龙井村的茶社想创意，在马桶上想创意，在停车坐爱枫林晚的山脚下想创意。创意是个思想放纵的工作，你能想多远就想多远，你的超级想象力就是你创意成功的重要武器。

别留恋装潢考究的房子，走出去，和一堆朋友，和一脑子想法，沐浴着大自然的春夏秋冬，想喊就喊，想叫就叫，在那样的世界里玩创意，一玩一个准，就在你痉挛般的狂野里，创意说不定就会轻轻滑出。创意是俗，它不一定非要诞生在大雅之堂，越民间越好。

创意是神，躲在你要创意的产品里

创意就是"神经病"的神。我们一直以为它躲得很远，其实它很近，就在我们的不远处。创意一定要紧跟产品，挖地三尺也要把产品的好处找出来，然后围着它跑100圈，写出100个角度的新发现，直到有一个好处可以让你疯狂。一个好产品就像一个美女，物理层面和精神层面都让你晕眩和满意，你可以在一瞬间找到赞美她的100条理由。这是创意的另外一个核心，爱上这个产品，找到爱它的理由，然后号召大家和你一起爱。创意是神，它就躲在你要创意的产品里，不离不弃、不言不语、不恼不争，等你发现。

创意是套，温柔地把你装进口袋

创意是套，我们需要这个套。这个套就是一件令人感动的外衣，一个美好的向往，一个心理的憧憬。我们每个人都在内心有一种渴望被套住的奢望，谁也不例外。美国总统奥巴马的竞选成功与其说是政治上的成熟，不如说是创意的成功，他做了一个华丽的、温柔的套，把美国人民装进了口袋。

一个好的创意就是创意人给消费者做了一个套，让他们愿意在里面生活并幸福地被套牢，如果创意能做到这一点，就值得为之喝彩。

创意是卖，是帮你沟通的工具

营销是买卖，创意就是卖。好创意一定要有好的销售力和说服力。中国的广告中有80%属于叫卖广告，不能算是真正的广告创意。创意的卖，是一种高超的卖，是一种文明的兜售，无论创意如何阳春白雪，无论创意如何黄土厚重，都只是销售的工具。它的使命是和消费者沟通，沟通越简单越好，沟通越直接越好，沟通越有人情味越好。

所以，创意要让人叫好，更要懂得叫卖。失去这个条件，再好的创意也一文不值。

创意是奇，是情理之中和意料之外的美好体验

20多年的创意体验就是创意没有法则，也没有条理，创意就是自由的心和自由的爱，是一个人对这个世界的全部认识。以下是我关于创意的24条经验拿出来与大家分享，让我们在创意的海洋里，来点痛快的。

（1）广告创意有两个怪圈：一是拿奖的怪圈，二是"土八路"的怪圈，前者好看不卖货，后者卖货不好看。

（2）策略是把事情做对，创意是把事情做好，输了策略创意会死，输了创意策略乏味。

（3）中国区域辽阔，创意要考虑"一创多制"的区域模式，一方水土养不了天下人。

（4）创意没有秘方只有手段，没有高峰只有经典，没有复杂只有简单。

（5）创意就是一剂药，关键时刻看疗效。

（6）创意可以批量生产，关键是你的创意模式要成熟且可复制。

（7）创意是聪明人干的。

（8）企业运营的本质是营销，营销的本质是传播，传播的本质是媒体，媒体的本质是创意，创意的本质是单纯。

（9）创意只有暂时的领先，玩创意的人心态要好，否则你真的会落后。

（10）创意就像沙滩上的模特，我们希望她简单点，再简单点，再再简单点。

（11）优秀的创意全世界通用，年份越久越焕发光彩。

（12）没有乐趣的创意就和没有情调的男人一样，枯燥而没有性感，强硬而没有自信。

（13）创意人要天生好奇，而且是24小时好奇不停，顽童一样的天真心态才能诞生最奇妙的创意。

（14）创意就是要出其不意直达人心深处。

（15）创意，一定要让你的消费者看得懂，看得会心一笑，看得把产品记得很清楚。

（16）创意越真实，就越有力量。

（17）广告创意有三性：人性、精准性、差异性。

（18）创意二字就是"仓+刀"与"立+曰+心"的组合，就是足够的生活积累、锋利的表达、立得住的观点、说得动听以及感动心灵。

（19）好的创意人是视觉表现与文案表现兼备的英雄。

（20）创意者也要为卖得最差的产品做创意。

（21）创意就是把旧衣服穿出新风尚。

（22）创意做对了叫创异，做错了叫创疑。

（23）生活中点滴都可能会激发出伟大的创意。

（24）创意需要有变化时，一定是市场有变化时。

创意无边无际，创意大得出奇，看大师们，你刚说罢他上场，一个更比一个强。我相信未来一定会有好创意，它不左，也不右，就在生活最深处。

学院奖 10 年评委陶磊：答疑设计技巧

问：设计类作品中最重要的元素是什么？

陶磊：我觉得设计作品最重要的就是人，不是考虑做成什么样的设计，而是设计师应该从观众看到后，你期待带给观众什么，是调动观众的情绪，还是理性地说服，或是期待观众看到这个设计后有什么反馈，这个对我自己来说是最重要的出发点。

问：标识设计与其他类别设计最重要的不同之处是什么？

陶磊：我觉得最大的不同是"非常非常难"。

不同于其他的设计，Logo 设计所受到的限制条件是最苛刻的，能够使用的设计手法也备受局限，就像走平衡木，有的人连走都走不稳，有的人却能够翻腾跳跃。要在这么苛刻的条件下传达信息、赋予内涵，更要具有独特的视觉记忆点。

或许，"难"才是最有意思的地方。

问：设计过程中有哪些需要遵守的设计原则？

陶磊：设计本质上不存在绝对的设计原则，我从来不觉得掌握了一些规则或是条例，就能够按图索骥，设计出好的作品。

问：设计配色过程中应该注意哪些问题？

陶磊：（1）不同的场景，不同的配色目标，没有绝对的配色方案。例如，广告设计的配色目标在于准确传递信息、吸引人群关注，而室内设计的目标则是要营造舒适、理想的生活氛围。同样的道理，广告设计的配色理论，在界面设计时往往是行不通的。

（2）要有确定的主色、精简的色彩层级。主色是传达品牌感的重要元素，不确定的主色和过多的色彩层级会使画面混乱。色彩层级越精简，就越容易达到整体的色彩平衡，从而提升设计的整体品质感。

（3）配色也要有细节。画面要有细节，配色也要有细节，如细腻的渐变配色会让画面更有质感。

问：怎样才能简洁并明确地展示品牌形象？

陶磊：（1）品牌形象是个很抽象的概念，并不是企业把品牌形象印在名片上、挂在门口、投放在媒体里就能够称为品牌形象。品牌形象是建立在消费者心里的，企业能够做的是在消费者的心中播下对的种子，然后让它慢慢地发芽、生长。

（2）品牌形象是要多维度去构建的，并不是只由某一次设计去承担所有品牌形象的构建任务。品牌的Logo、广告语、卡通形象、发声渠道的话语调性、对外员工的个人形象和话术等，所有和消费者接触的方方面面共同作用去构建品牌形象。

所以，没有设计是孤立的，设计应在符合品牌诉求调性的基础下去发挥作用。

问：如何在不偏离品牌固有设计形象上进行创新？

陶磊：对成熟品牌来说，创新和品牌年轻化，是渐进的不是突变的，是传承和发展的不是推倒重建的。我认为最重要的第一步不是去设计，而是去了解品牌、洞察品牌。不妨把品牌设想为人，这个人需要做出改变，那么就一定会涉及往哪个方向去改变，为什么要改变，改变后会带给这个人什么？接下来才是这个人需要在哪些地方去调整。创新从来都不是无目的的创新，没有目的的创新只会让品牌在黑暗里前行。

问：设计类作品创意的切入点如何寻找？

陶磊： 首先确定作品要传达的核心信息，然后围绕"核心信息"进行联想。例如，有一年麦当劳三八妇女节活动的标志设计，就把麦当劳品牌标志中"M"，倒转成"women"中的"W"，在品牌和三八妇女节之间找到了一个很巧妙的连接点。

问：如何分清抄袭与借鉴的界限？

陶磊： 大部分的作品都在借鉴，或是创意的原点，或是某些表达手段。《饥饿游戏》有没有借鉴《大逃杀》？一定有！但仍然不妨碍这两部作品同样杰出。昆丁的暴力美学同样在借鉴传统港片的表达和审美。借鉴艺术、借鉴音乐、借鉴文学、借鉴生活，是最佳的创意来源，从来就不会有无源之水。

问：Logo 设计的思考步骤有哪些？

陶磊： （1）研究。研究市场、品牌、竞争对手和消费者。

（2）提炼。提炼出核心需要表达的内容。

（3）切入点。发散性思考，用无数可能的角度来尝试去表达，选出最好的。

（4）设计。不同的设计表现，最适合的才是最好的表现手法。设计是雕琢的结果。

问：什么样的表情包设计更具传播性？

陶磊： 我觉得表情包在今天已经不算是最好的选择了，能够让人去使用，必有其背后的原因。

（1）自带流量。如果去除平台本身的流量因素，那么表情包必须包含某种的大众认知因数。如果企业本身有代言人，那么围绕代言人创作表情包，就会有更大的机会比使用完全陌生的创作有更大的传播可能。

（2）独特性。能够在千千万万个表情包形象中脱颖而出，没有独特的点是不可能完成任务的。不管是造型上，还是话题性本身，令我影响深刻的一系列表情包是日本黑社会三口组推出的，在日本曾经广受追捧。该系列表情包为什么会红，不是形象设计得多有趣，而是事件本身就很有话题性。曾经凶神恶煞的黑社会，居然在经济不景气的当下也要靠卖表情包来赚点小钱，这是多么有反差萌的一件事情。

（3）个性鲜明。不论是哪种人设，模糊不清或四面圆滑，都不会获得青睐，鲜明的个性更容易让设计在互联网时代脱颖而出。

后记

这本书终于要出版了,需要感谢的人很多,无法一一列举,请允许我们联合致敬学院奖的所有评委、致敬所有参与快克品牌创意的大学生,因为有你们的参与,快克品牌有了年轻的元素。致敬学院奖的参赛指导老师,因为你们在实践教学的过程中,帮助学生提升创作水平、与社会需求接轨。致敬中国企业品牌,在 2020 年疫情的影响下,依然能勇敢地活下来。

中国高校的实践教育,需要每一个人贡献力量,学院奖是个好平台,不仅真题真做,还邀请了业界的诸多大咖走进高校巡讲,提供给学生可供借鉴的创意方法,让中国企业品牌活在年轻人的世界里,火在"95 后""00 后"的创意时代。

感谢学院奖组委会,感谢《广告人》文化集团,感谢高校老师们组织学生关心、关爱、创意快克品牌,快克感冒药的创意作品案例都是大学生时代的记忆。

作者

2020 年 7 月 18 日